WAC BUNKO

真珠湾と原爆 日米戦争を望んだのは誰か

ルーズベルトとスチムソン

渡

WAC

WAC BUNKO化にあたって

本書を上梓してから五年になろうとしている。このたびWAC BUNKO（新書）化が決まったことは読者の支持のたまものである。素直に感謝したい。

本書では、真珠湾攻撃前の、そして広島・長崎への原爆投下前のフランクリン・デラノ・ルーズベルト政権内部の意思決定プロセスを詳述した。読了すれば、アメリカ人つまり西洋人の「戦争のしかた」には一定のパターンがあることに気付くだろう。

アメリカは民主主義を標榜《ひょうぼう》する。民主主義国家では建前上、有権者に主権がある。従って戦争を仕掛けたい政権は、戦争のターゲットにする国に対する有権者の感情を憎しみで煽《あお》らなければならない。

一般国民とりわけ命を失うことになる若者は戦争を嫌う。戦うのは若い男であるが、彼には家族があり恋人もいる。誰も彼を戦場に遣《や》りたくない。

だからこそ時の政権は、戦い止むなしの国民感情形成のためには、ターゲットになる国を徹底的に悪魔化し、憎しみを煽らなくてはならない。ルーズベルト政権の「煽り」が始まったのは、一九三七年十月五日のことである。ルーズベルトはこの日シカゴでの湖岸道路落成式のスピーチで、ドイツ・イタリアそして日本を伝染病患者に擬した。

この日から、とりわけドイツ、日本に対する「意地悪」が始まったのである。この時期のメディアはまだまともだった。「わが国を戦争の道へと歩ませるのか」とルーズベルトを批判した。ルーズベルトは余りのスピーチの評判の悪さにひるんだ。そしていつのころから、ドイツあるいは日本に「最初の一発」を撃たせなければ世論は動かない、と確信したのである。

私たちは、子供の頃の幾何学の授業で、補助線の重要性を教わった。複雑な図形に適当な補助線を引くと、その複雑系に隠された実相が鮮明に浮かび上がることを知った。一九三七年十月五日から真珠湾攻撃の一九四一年十二月七日（米国時間）までのルーズベルト外交は「ドイツあるいは日本に最初の一発を打たせるための外交ではなかったか」という補助線を引いてやると、ルーズベルトの行動の平仄《ひょうそく》が合うのである。

ヨーロッパの戦いは一九三九年九月から始まったが、ドイツ（ヒトラー政権）は、アメリカのこのやり方を熟知していたから、けっしてルーズベルトの挑発に乗らなかった。ヒトラーは、独海軍に対して挑発を続ける米軍船、とりわけUボートを追いかけまわす米駆逐艦に絶対に反撃するなと言明していた。独海軍の現場は苛立っていたがヒトラーの指示によく従った。

アメリカ国民はヨーロッパで戦いが始まっても八〇%以上の国民が、中立・非介入の立場であった。ヒトラーが米海軍船を攻撃し、米兵の犠牲者が出ない限り、ルーズベルトはチャーチルへの参戦の約束を果たせなかった。そこで「裏口からの参戦」を考えた。日本を徹底的に苛《いじ》めることでアメリカを攻撃させるのである。彼は最初の一発を日本に撃たせると決めたのである。

日本は、アメリカの「苛め」に耐えられなかった。ヒトラーほどに日本は苛めへの抵抗力がなかった。ルーズベルトの思惑通り、日本は真珠湾を攻撃した。そしてそれが米国民の非介入の気分を雲散霧消させた。八〇%以上の非参戦ムードが消え、「卑怯な日本」と戦うために志願兵が殺到した。ルーズベルトのほくそえむ顔が目に浮かぶ。

米国民がもう少し冷静であれば、米国に比べれば、明らかに弱小国である日本がなぜ突然に米国との戦いを決断したのか考えるはずであった。しかし、ルーズベルト政権は、徹底的な言論統制で、日本は極悪非道の国で中国に侵攻し、アジアの平和を破壊していると報道し続けた。外交的解決を求める日本の姿勢を米国民に知らせなかった。日本は、卑怯にも後ろからこん棒でアメリカを殴りつけた。米国民はそのように思うように誘導されていたのである。

そんな中で、ルーズベルトの対日外交の悪意に気付いた人物がいた。前大統領ハーバート・フーバーである。彼の研究の成果が『裏切られた自由』(上下巻・草思社)である。フーバーは、日本の真珠湾攻撃の報を聞いて「ルーズベルトが何かやらかしたな」と疑った。この疑念解明の作業こそが『裏切られた自由』の執筆であった。

日本に真珠湾を攻撃させることで、念願のヨーロッパ戦線に参戦できたルーズベルト政権は、もう一つ国民に知らせない大プロジェクトを始動させた。原子爆弾の開発である。

原子爆弾は一九四五年六月から七月にかけて二つのタイプが完成した。ウラニウム型とプルトニウム型である。プルトニウム型は、爆縮レンズを必要とするだけに、複雑なメカニズムが必要だった。その実験を一九四五年七月十六日に成功させた(トリニティ実験)。

国民に知らせず巨費をかけて完成させた原爆を何としても実戦で使用し、巨額開発費投入を正当化しておく必要があった。そして、またウラニウム型とプルトニウム型の二種の原爆の性能を確認しなくてはならなかった。だからこそ、日本が降伏を模索していることを知りながら、つまり原爆など使用しなくても日本が降伏することをわかっていながら、広島・長崎に原爆を投下した。

原爆を試すまではけっして日本を降伏させないと決めたルーズベルト政権の思惑は、鳥居民氏（故人）の『原爆を投下するまで日本を降伏させるな』（草思社文庫）に詳しい。

米国の恐ろしさはこれだけではない。必要もない原爆投下で、当然に予想される批判への準備を直ちに始めた。日本は原爆を投下されても仕方がないほどに野蛮な国であるというプロパガンダ作戦である。そのひとつが、いわゆる「バターン死の行進」である。

日本陸軍は、開戦当初のフィリピン戦線で捕虜にした米軍兵士を捕虜収容所へ移動させた。「バターン死の行進」は、その行軍が非道だという言いがかりである。ヨーロッパの戦いでは捕虜などとらないのが基本である。少ない数ならまだしも、大量の捕虜を取ってしまえば、たちまち兵士の食糧はそこをつく。

エジプト遠征したナポレオンの軍は、投降するアラブ人は全て殺した。それが戦場での常識だった。そうでありながら、日本陸軍は大量の米軍兵士を捕虜にすると、殺すこともなく収容所に移動させた。そして兵士の中には自身に配給された食糧を分け与えたものもいた。しかし、米国はこの行軍を、日本軍の残虐行為の証拠とした。

アメリカは、対日戦争の動機が不純であることを理解していた。原爆の使用も不要であることも解っていた。罪悪感にあふれ、日本の復讐を恐れる占領軍は、日本人に対して「日本は原爆を落とされても仕方がないほどに悪い国であった」と洗脳すると決めた。それが「War Guilt Information Program（戦争責任広報計画）」だった。

本書でも詳述したように、原爆投下地選考委員会の委員長を務めたスチムソン陸軍長官は京都への原爆投下を頑《かたく》なに認めなかった。おそらく古都・京都を破壊すれば日本人の復讐心はコントロールできないほどに高まることを恐れたのだろう。選考委員会が第一投下地と決めた京都はスチムソンの個人的感情（判断）で原爆投下を免れた。米国は、京都が被災地にならなかった偶然を美談にすると決めた。

六角堂近くに立つウォーナー博士胸像（2024年5月、筆者撮影）

彼らが利用したのは、岡倉天心と懇意だったラングドン・ウォーナー博士（美術史家）だった。日本各地に博士を顕彰する碑が立っている。そんな碑のひとつが北茨城五浦《いづら》六角堂の史跡内にある。博士の胸像の横に説明文がある。

「（岡倉）天心の教えを受けた美術史家ラングドン・ウォーナーは第二次世界大戦中、爆撃対象から奈良・京都などの都市を外す文化財リストをアメリカ政府に提出されたとされる。その功績を称えようと日立製作所から胸像建設の計画が起り、各方面からの寄付によって、昭和45年3月ウォーナー博士顕彰会がこれを建設した。（後略）」

ウォーナー博士が原爆投下地選定作業になんの影響力を持っていなかったことは本書の読者には直ぐにわかっていただけるはずである。

筆者は、いたずらに読者に反米思想を煽ろうとは思わない。ただ、今、日本が安全保障上の重要なパートナーと考えるアメリカは非情な国であるという事実だけは忘れてはいけないのである。本書が、その一助になれば幸いである。

二〇二四年　師走

渡辺惣樹

はじめに――歪んだ歴史解釈を見直そう

正統派と呼ばれている歴史書の近現代史解釈は歪んでいる。高校教科書「世界史Ｂ」は、そうした解釈の典型だが、そこに描かれる近現代史では、先の戦争（第二次世界大戦）の勝者（米英ソなどの連合国）は「善」、日独伊三国に代表される枢軸国は「悪」というアプリオリに決定された「倫理的判断」がベースとなっている。その結果、戦争の真因を示す史実の多くが、そうした解釈を正当化するために、歪曲されて描写されるか、まったく取り上げられない。筆者が、近現代史解釈のほとんどが歪んで見えて仕方がないのは、隠されてきた（あるいは見落とされてきた）重要な歴史の細部があまりに多いことに気づいたからである。

アメリカは、先の大戦参戦前の段階でも、世界最強の「潜在的」軍事力を持っていただけに、ヨーロッパの紛争の仲介能力があった。それができる場面は多々あったが、当時のフランクリン・デラノ・ルーズベルト（ＦＤＲ）大統領（民主党）は、それをせず、むしろヨーロッパ諸国のもめ事に関して、火に油を注ぐ外交を展開した。
ヨーロッパ諸国の一九三〇年代に顕在化した紛争の真因は、第一世界大戦を終結させたベルサイユ条約に基づく「すわりの悪い」国境線引き（ベルサイユ体制）にあった。第一次世界大戦の原因については、二〇一四年がその戦争勃発から百周年であったことから、欧米では多くの研究書が発表された。そのほとんどが、戦争の原因はドイツ・オーストリアなどの中央同盟国の振る舞いよりも、むしろ英仏米に代表される連合国（協商国）の愚かな外交にあるとするものであった（筆者は、この歴史解釈の大きなシフトについては、日本の読者においおい紹介していきたいと考えている）。

いずれにせよ米国民は、ベルサイユ体制のすわりの悪さを敏感に感じていた。米国が第一次世界大戦に参戦したのは一九一七年四月のことであった。米国は、一八二三年にジェイムズ・モンロー大統領が発した宣言（モンロー宣言）を外交の国是としていた。モンロー大統領は、「ヨーロッパ諸国間の紛争には決してかかわらない。ヨーロッパ諸国には南北アメリカ大陸に干渉させない」という強い意志を表明した。それがアメリカ建国の父たちの「遺言」だったからである。

その国是に反して、ウッドロー・ウィルソン大統領はヨーロッパの紛争に参入することを決めた。民主主義国家対専制主義国家の戦いであるとするウィルソンの訴えに納得して米国民は若者を戦場に遣ることを了解した。その結果が協商国側の勝利であり、ベルサイユ体制の構築だった。

しかし、そこに現れた新しいヨーロッパ（ベルサイユ体制）に平和は訪れなかった。英仏両国への戦費の巨額貸し付けは焦げ付き、返済を求めれば「米国は現代のシャイロック」だと罵られた。ベルサイユ体制の始まり（一九一九年）から、ナチスドイツのポーランド侵攻（一九三九年九月一日）までのおよそ二十年を戦間期と呼ぶ。この時期に、ヨーロッパの「偽りの安定」が次々に崩壊していくさまを見た米国民は、二度とヨーロッパの戦いに若者を送らないと、決めたのである。

だからこそ、ヨーロッパに再び戦火が広がり、ロンドンがナチスドイツの爆撃を受けても、ヨーロッパのごたごたにかかわるのは二度と御免だ、と動かなかった。だいたいにして、米国民には英国とフランスが対独宣戦布告した理由がわからなかった。英仏両国は、ポーランドに独立保障していた（一九三九年初め）ことを理由にして、対独宣戦布告した。どちらの国もドイツに侵略されたわけではない。歴史的に見ても、他国の安全保障だけを理由に自国の若者を戦場に送り込むことはほとんどない。

だからこそ英仏の為政者の判断は、米国民には理解できなかった。戦後明らかになった資料から、ＦＤＲが英国に対して対独戦争を煽《あお》っていたことは確実になっているが、このことを同時代の人々は知らなかった。


ＦＤＲの戦争動機については本書のテーマではないので詳細には触れないが、英国にもフランスにも必ず軍事介入して支援するとＦＤＲは約束していた。だからこそ、両国は、自国が侵略されたわけでもないのに、強力な陸軍と空軍を持つナチスドイツに宣戦布告したのだった。

ＦＤＲは、一九四〇年の三選を目指した大統領選挙では、ヨーロッパの戦いには介入しないことを公約して当選した。世論の八〇％以上がヨーロッパ紛争非介入を支持している以上、「嘘」をつかない限り当選は不可能だった。大統領は二期八年とする伝統的不文律に反する三選立候補だったからなおさらであった。

米国民は彼の三選を許しはしたが、ＦＤＲの本音が、その公約とは裏腹に、英国支援を口実にしたヨーロッパの戦いへの介入にあるらしいと疑っていた。そのことを彼の演説から感じることは難しいことではなかった。再びの参戦は絶対に阻止しなくてはならないと考えたエール大学の二人の学生はアメリカ第一主義委員会を組織し、FDRの好戦的外交に待ったをかけた。ヨーロッパ紛争非介入を党是とした共和党支持者だけでなく、多くの民主党支持者も加わり、アメリカ第一主義委員会は超党派の全国組織となった。「我が国が攻撃されない限り」ヨーロッパの戦いに介入しないことを訴える講演会は常に万を超える聴衆で熱気を帯びた。FDRは、アメリカ第一主義委員会の前に身動きができなくなっていた。

アメリカ第一主義委員会は何が何でも戦争を忌避するという単純なパシフィスト（観念的平和主義者）団体ではなかった。「攻撃されない限り」戦う必要はないと訴える愛国者団体であった。したがって、「我が国（アメリカ）が攻撃される事件」を創作すれば、アメリカ第一主義委員会の主張を利用して参戦できることになる。ここでFDRとその側近らが知恵を絞った妙案が、「日本から最初の一撃をくらう」ことだったのである。

中国問題を理由に日本に理不尽な圧力をかける外交をしつこいほどに繰り広げた理由はそこにあった。対米戦争を何としても避けたい日本に妥協する態度を見せなかった。FDRの理不尽な対日外交を強く批判するハミルトン・フィッシュ下院議員は戦後次のように書いている。

「日本は満洲を除く中国そしてベトナムからの撤退も検討していた。南下政策は採らないという妥協の準備もあった。あれほど強力な国である日本にこれ以上の条件をわが国は要求できただろうか。天皇裕仁も近衛首相も和平維持のために信じられないほどの譲歩をしようとしていたのである」(＊)

ＦＤＲは、日本との妥協を拒み続けた。妥協しないことが彼の外交目的であった。そうしなければ「我が国が攻撃される事件」は起きないからである。

従来の、正統派といわれる歴史書は、ＦＤＲとアメリカ第一主義委員会との激しい攻防の歴史に触れようとしない。そうしてしまうと、ＦＤＲの常軌を逸した対日外交の実態とその結果として惹起《じやつき》した真珠湾攻撃の本質が「ばれてしまう」からである。

本書は、これまでの正統派歴史家が避けてきたアメリカ第一主義委員会の活動に光をあてる。八〇％以上の米国民が戦争介入を嫌っていた事実も明らかにする。そうすることで、

あの真珠湾攻撃の持つ真の意味（FDR政権から見れば「ポジティブな価値」）が明らかにな
るからである。

本書第一章及び第二章では、真珠湾攻撃の持つ意味をアメリカ第一主義委員会の活動というフィルターを通して再解釈を試みた。第三章では、ヘンリー・スチムソン（陸軍長官）の特異な日本嫌いのキャラクターを通じて、少しスパンを長くとり、20世紀初頭から原爆投下までの経緯を追った。

日本の正統派歴史学者は、あの戦争の解釈はすでに決着がついていると考えているようだ。しかし、米国あるいは英国では、あらたに発掘された資料に基づいて、あの戦争とは何だったのかの飽くなき追究が止んでいない。本書はそうした研究の成果を可能な限り織り込んだ。読者には、本書を通じて、これまでの正統派歴史書で描かれるあの戦争の姿が、「もしかしたら真の姿ではないかもしれない」という、疑念を持っていただければ幸いである。その疑念があれば、巷に溢れるリベラル的倫理観がちりばめられた歴史書を、批判的（懐疑的）に読めるようになるはずである。それはけっして善悪の倫理観からのものではなくファクトに基づいた合理的な批判となる。

筆者は、「歴史観は自らの頭で考え醸成するものである」と信じている。本書が読者のその作業の一助になれば幸いである。

二〇二〇年　夏

渡辺惣樹

＊ハミルトン・フィッシュ『ルーズベルトの開戦責任』草思社文庫、２０１７年、２５２頁

日米戦争を望んだのは誰か

真珠湾と原爆

ルーズベルトとスチムソン

◎目次

WAC BUNKO化にあたって……3
はじめに――歪んだ歴史解釈を見直そう……10

第一章

ルーズベルトの本当の敵は誰だったのか？……25
「アメリカ第一主義委員会」との攻防
ルーズベルトに立ちはだかった世論の壁……26
米国大統領が英国の一介の大臣でしかなかったチャーチルに親書を送った。その真意はどこにあったのか？
対独戦争参戦を望んだFDR／参戦を肯《がえん》じなかった米国民／FDRの嘘
反ベルサイユ体制・反ニューディール勢力の勃興……36
自由競争では「神の手」によって働き市場価格が決まるが、ルーズベルト政権では官僚が「神」となり、実質「社会主義化」していった
ヘンリー・スチムソンとは何者か？／米国内で広がる「非干渉主義」の世論／民主党内にも反ニューディール派が台頭
ゲッペルスも絶賛する英国の対米プロパガンダ……45

ヒッチコックの映画『海外特派員』は「プロパガンダ映画の最高傑作。多くの聴衆の心に（ドイツへの）敵意を醸成する第一級の作品だった」（ゲッペルス）
諜報工作機関「ＢＳＣ」とは／徐々に抹殺されていく反ＦＤＲの言論人たち／ハリウッドに浸透し「干渉主義称賛映画」製作を指令

リンドバーグの抵抗 その一 **非干渉主義の旗手、かく戦えり** …………55
ニューヨーク・パリ間のノンストップ飛行を成功させた英雄は、のちにルーズベルト最大の敵となった
莫大な懸賞金付きのプロジェクト／一躍、国民的アイドルになった／悲劇の英雄、祖国を脱出し英国へ去る／ベルリン五輪開催目前のドイツからの招待／ゲーリングの尋常ならぬ歓迎ぶりの背景にあった人種観／警戒していたＦＤＲとの面会／ＦＤＲの「敗北」宣言は「嘘」だった／日本にもやってきたリンドバーグ

リンドバーグの抵抗 その二 **ナチスのレッテルを貼られ真珠湾攻撃と共に去りゆく** …76
リンドバーグによる干渉主義反対の世論は、「アメリカで『我が闘争』が説教される」と煽動され、最後には寝耳に水の日本の真珠湾攻撃で消滅していった
「アメリカン・ヒトラー」と呼ばれたリンドバーグ／ヒトラーがやって来る／「日本の悪行＝ドイツの悪行」に気付いたＦＤＲ政権／アメリカ第一主義運動の弱点／ＦＤＲの「本当の敵」

際連盟とパリ不戦条約／フーバーの実像／日本への「思いやり」

スチムソンにとっての「善」と「悪」 …… 132

スチムソンは単純な善悪二元論で日本を見ていた。とりわけ満洲を見る彼の目は厳しくなっていった

ロンドン海軍軍縮条約／浜口首相襲撃事件の衝撃／満洲に現れた「悪」の勢力／ある若手外交官の暗躍

スチムソンに操られた国際連盟脱退 …… 148

スチムソンは日本の満洲権益を認めなかった。日本の立場を考慮した外交に転換することはなかった

フーバーとルートの諫めと懸念／日本に同情する英仏蘭／スチムソンに与《くみ》した小国／リットン調査団の無理解／「松岡を跪《ひざまず》かせることなど簡単だ」／日米「行き止まりの道」へ

スチムソンの残した「爆弾」 …… 163

「悪の国」と決めつけられた日本への包囲網がアメリカをはじめ中国、ソビエトなどによって日々強化されていく

日本嫌いを煽《あお》る宣教師たち／盧溝橋事件の真因／呼び戻されたスチムソン／擬似「挙国一致」内閣／幻の東京空爆計画

待ち焦《こ》がれた真珠湾攻撃 …… 181
日本に最初の一発を撃たせる——ルーズベルトの狙い通り、日本は真珠湾にやってきた。「悪の帝国」を叩き潰す戦争が始まったのだ
英国を助けたいＦＤＲ／度を越したソビエト支援／最初の一発を撃たせるための策略の数々／米国民には隠蔽された「最後通牒（ハルノート）」／傍受された「東の風、雨」／「恥辱の日」は、スチムソンの「勝利の日」だった

原爆投下へのカウントダウン …… 199
日米開戦直前、米国で始まった「新兵器」開発。「文明を破滅させる〝フランケンシュタイン〟」はいかにして生まれたのか
科学研究開発局／動き出した「マンハッタン計画」／スチムソン主導／使用への最終プロセス／標的都市は京都か、それとも

原爆投下とスチムソンの葛藤 …… 214
もしもスチムソンがリアリストだったら、原爆投下はなかったかも知れない
ポツダム会談中の「吉報」／チャーチルの一押し／「史上最高の出来事だ！」／メディアからの批難／スチムソンの葛藤／日本にとって、スチムソンとは

人名索引 …… 231〜227

装幀／須川貴弘（ＷＡＣ装幀室）

第一章

ルーズベルトの本当の敵は誰だったのか?

「アメリカ第一主義委員会」との攻防

ルーズベルトに立ちはだかった世論の壁

米国大統領が英国の一介の大臣でしかなかったチャーチルに親書を送った。その真意はどこにあったのか？

対独戦争参戦を望んだFDR

一九四〇年十一月五日、アメリカ国民はフランクリン・デラノ・ルーズベルト（FDR）を三選した。一般得票率では五五％対四五％、選挙人の数では四百四十九人対八十二人で共和党の対抗馬ウェンデル・ウィルキーを圧倒した。

この時期、ヨーロッパでの戦いは激化していた。アメリカ国民は、「川を渡る途中で馬を替えない（難しい時期にあっては指導者を代えてはならない：Do not change horses in the middle of the stream）」という昔ながらの格言に従ったと言える。

ナチスドイツのポーランド侵攻（一九三九年九月一日）に端を発した戦いはヨーロッパ全

土に広がっていた。ナチスドイツは、当初ヨーロッパ西部に戦いを広げることを控え、英仏両国とは講和の機会を覗《うかが》っていた。ドイツのノルウェイ侵攻（一九四〇年四月）までの時期は戦線が限定された〝偽りの戦い（phony war）〟の時期だった。

ヒトラーは、ポーランド問題で英仏と戦いたくはなかったが、そのドイツに宣戦布告したのは英仏だった（一九三九年九月三日）。両国の安全保障に無関係のポーランドの独立を守るために対独宣戦布告したのは、ポーランドに対して独立保障をしていたからだった。

ドイツ軍による英国本土空襲（The Blitz）

ヒトラーは、英国とは早期に手打ちしたかったが、チャーチルらの対独強硬派がそれを邪魔した。英仏との講和を諦めたヒトラーは戦線を西に拡大した。フランスは忽《たちま》ち敗れ降伏した（一九四〇年六月二十二日）。翌七月から始まった英国本土空爆（The Blitz）は九月に入ると本格化した。空爆による死者は九月には六千九百五十四人、十月には六千三百三十四人

に上った。(＊1)

ＦＤＲが英国の側に立って参戦したかったことに疑いの余地はない。保守党主流派に嫌われていた対独強硬派の政治家ウィンストン・チャーチルは、戦いの始まりで復権し、チェンバレン首相によって海軍大臣に任命された。この人事を聞いたＦＤＲはチャーチルに親書を認《したた》めた。

「貴下が再び海軍省に帰られたことを、私がいかに喜んでいるか知っていただきたいのは、第一次世界大戦で貴下と私は同じ地位にあったからです。貴下が私と個人的な連絡を取って下されば、私はいつでもそれを歓迎します。一九三九年九月十一日」(＊2)

対独宥和外交をとっていたチェンバレン首相に、ポーランド案件で対独強硬策を取れと圧力をかけたのはＦＤＲであった。ＦＤＲの右腕であった米駐仏大使ウィリアム・ブリットはもちろん、対独強硬策を渋っていた駐英大使ジョセフ・ケネディの背中をも無理やり押してチェンバレン首相に圧力をかけさせた。イギリスがヨーロッパ大陸の問題に〝ちょっかい〟を出さなければ、ヒトラーとスターリンは早晩壮絶な戦いを始めると読んでいたチェンバレンを無理強いしてポーランドの独立を保障させ、最終的に対独宣戦布告に追い込んだのはＦＤＲであった。ＦＤＲの裏工作についてはハーバート・フーバー元大統領がその書『裏切られた自由』（＊３）に詳述している。

上述のチャーチルへの手紙は、ルーズベルトのヨーロッパの戦争への参戦意欲を如実に示している。アメリカ大統領が首相を飛び越えて、まだ一介の大臣であった自身と直接交信する〝異常な外交〟をチャーチルは喜んだ。「かくして私たちの交信は始まり、双方の通信は約一千通に達し、五年余り後の彼（ＦＤＲ）の死までつづいた」（＊４）と自慢する。

二人の交信がいかなるものだったのかいまだによくわからない。あの戦争は連合国の〝正義の戦争〟だと解釈する歴史家にとっては相当に不都合な内容であるからこそ非公開なのであろう。

実は、この秘密の交信内容を知る者がいた。暗号解読担当の米駐英大使館員タイラー・ケントである。内容に驚愕したケントは何らかの方法でアメリカ国内で公表すべきだと考えていたが、その前に英国官憲にスパイ容疑で逮捕された（一九四〇年五月二十日）。

その結果、彼が控えていた二人の交信のカーボンコピーも押収された。アメリカが外交官不逮捕特権を行使しなかったのは、彼の逮捕が望ましかったからである。ケントは有罪となり収監された。彼がアメリカに帰国したのは戦後のことである（一九四五年十二月）。この事件の詳細は拙著『アメリカの対日政策を読み解く』（草思社）第三章ルーズベルト神話（知られざる国家秘密漏洩事件）（＊5）に書いた。ケントの控えていた文書は、いかにしてアメリカの参戦を実現するかについて二人が具体的に打ち合わせていたことを示すものであったに違いなかった。筆者の手元には、チャーチルとFDRの秘密の交信を収録したとされる書（Roosevelt and Churchill: Their Secret Wartime Correspondence, Barrie & Jenkins, 1975）がある。八〇五頁の大部でありながら、ここに書いたタイラー・ケント事件が全く触れられていない。明らかに、二人に都合の悪い内容の交信は削除されているのである。

参戦を肯《がえん》じなかった米国民

FDRが、対独戦争参戦を早くから目論んでいたことは間違いない。それを英仏の指導者に伝えていたことも確実である。そうでありながらその約束を実行に移せなかった。合衆国憲法は、開戦権限はワシントン議会にあると定めていた。大統領が勝手に宣戦布告することはできなかった。国民世論は圧倒的多数（八〇％以上）でヨーロッパの戦争非干渉の立場であった。ワシントン議会も与党民主党が多数派だったがその七五％が国民と同様に非干渉の立場を取った。

アメリカ国民は、ヨーロッパの戦争を対岸の火事だと見なしていた。「少なくとも一九四〇年五月まではそうだった。ヨーロッパの戦争を映画のように眺めており、アメリカには関係のない」（＊6）ことだと考えていた。アメリカ国民が、ヨーロッパの戦いにどういう立場をとるべきか真剣に悩み始めたのは、ヒトラーがその軍を西に向けた五月から六月のことだった。六月にフランスが降伏するとその議論は真剣になった。

国内での議論は次第にヒートアップしたが、「ヨーロッパの戦争は対岸の火事、傍観して構わない」とする大勢に変わりはなかった。当時のアメリカの空気を歴史家のリン・オルソンは次のように書いている。

「一九一七年には我々は騙された。ベルギーとフランスを救えと（ウッドロー・ウィルソン大統領に）促され出兵した。その結果五万人以上の若者が命を失った。我が国は同盟国に多くの借款を与えたが未だ返還されていない。我々は世界を平和にするはずだった。ドイツに民主主義国家を作ったものの、そこからアドルフ・ヒトラーが生まれた。イギリスもフランスもつまり全ての西ヨーロッパ諸国は紛争ばかり起こし、結局は解決できない。（中略）我々は国を防衛するための心構えは出来ている。われわれは我が国の防衛のためだけに戦えばよい（もうヨーロッパのごたごたへの介入はご免だ）」（＊7）

　前述のように、FDRは、一九三九年九月にヨーロッパの戦いが始まると、嬉々としてチャーチルに直接交信を求める親書を書き、二人で対独戦争の進め方を話し合っていた。

向かって左：キングマン・ブリュースター（後の駐英大使）、中央：チャールズ・リンドバーグ、向かって右：リチャード・ビッセル・Jr.（後のCIA副長官）1940年10月

　しかし、国内世論は頑として米国の参戦を肯じなかった。六月二十二日にフランスが降伏すると、米軍幹部でさえも、フランスに続いて英国も対独講和する可能性を見た。六月二十二日、マーシャル陸軍参謀総長とスターク海軍作戦部長は、英国向け武器支援の全面

停止をＦＤＲに訴えた。（＊8）英国の降伏あるいは敗北的講和を怖れた二人は、英国に送った武器がドイツの手に渡ることを心配した。だからこそ武器支援はとりあえず停止すべきだと考えた。ＦＤＲはこの建言を拒んだ。

しかし、アメリカ国内には、「ドイツとの孤独な戦いとなった以上、英国は対独宥和方針に切り替えるべきではないか」との考えが広まっていたことは間違いがない事実だった。大統領選挙戦も後半に差し掛かった一九四〇年九月四日、ヨーロッパ問題非干渉を主張する「アメリカ第一主義委員会」が設立され、こうした国民世論を代表した。同委員会の主宰する集会は常に熱狂的な支持者で溢れた。

ＦＤＲの嘘

アメリカ第一主義委員会を立ち上げたのはエール大学の学生だった。非干渉主義に共感する学生をリクルートし、その動きを他大学にも広めていった。エール大学では学生の半数が参戦反対の請願書に署名した。他大学もそれに追随した。エール大学の組織ではジェラルド・フォード（第三十八代大統領）が会員だった。ハーバード大学の支部組織にはジョ

ン・F・ケネディ（第三十五代大統領）が献金していた。（＊9）

この運動を全国に拡大したのは創立メンバーのエール大学生キングマン・ブリュースター（Jr.）とロバート・スチュワートだった。二人は、世界的に有名な冒険飛行家チャールズ・リンドバーグの賛同を得て、エール大学に招待することに成功した。彼が同大学でスピーチしたのは一九四〇年十月の肌寒い日であったが、三千人の学生が集まった。彼のスピーチは、どよめくような歓声で何度も中断した。（＊10）リンドバーグは同委員会の顔となり、全米各地で講演した。どの会場でも熱狂的な歓迎を受けた。

FDRは、参戦する気持ちは強かったが、世論の余りの反発に怖れをなした。対抗馬ウェンデル・ウィルキーはイギリス大好き人間であり対英支援に前向きではあったが、早い時期からヨーロッパ戦争非干渉を選挙公約とした。FDRもこの動きに追随しなくてはならなかった。選挙日（十一月五日）の迫った十月三十日、FDRはボストンで次のように演説した。

「いま私の話を聞いている父や母の皆さんに、もう一度はっきり申し上げる。私はこれまでも述べてきたように、そしてこれからも何度でも繰り返すが、あなた方の子供たちが外

国の地での戦争に送り込まれることは決してない」（＊11）

後述する彼の行動を見れば明らかな嘘であった。しかし嘘をつかなければ再選できない恐怖感があった。

＊1：The Historical Atlas of World War II, Chartwell Book, 2008, p72
＊2、4：ウィンストン・チャーチル『第二次大戦回顧録（抄）』中公文庫、二〇〇一年、46頁
＊3：ハーバート・フーバー『裏切られた自由（上下巻）』草思社、二〇一七年
＊5：渡辺惣樹『アメリカの対日政策を読み解く』草思社、二〇一六年、184頁～201頁
＊6：Lynne Olson, Those Angry Days, Random House Paperback Edition,2014, p.xvi
＊7：同右 p.xvii
＊8：同右 p129
＊9：同右 p224
＊10：同右 p225
＊11：ハーバート・フーバー『裏切られた自由（上巻）』草思社、400～401頁

反ベルサイユ体制・反ニューディール勢力の勃興

自由競争では「神の手」が働き市場価格が決まるが、ルーズベルト政権では官僚が「神」となり、実質「社会主義化」していった

ヘンリー・スチムソンとは何者か？

ヘンリー・スチムソンは一九二七年から二九年までフィリピン民政長官を務め、共和党フーバー政権（一九二九～三三年）では国務長官に抜擢された。彼は、ベルサイユ体制を「絶対善」とし、その体制を不安定化させる国は全て侵略国と理解した。任期中に起きた満洲事変（一九三一年）はその思想へのチャレンジだった。彼は、満洲が中国プロパーの土地でないことも理解できていなかった。内乱の続く中国にまともな政権はなく、その混乱に乗じたソビエト（コミンテルン）の赤化工作が進行していることにも無関心だった。このようなスチムソンの無理解が生んだ外交方針がスチムソン・ドクトリン（満洲国非承認、対日強

硬外交）だった。

彼は熱心なプロテスタント信者だった。彼の属した長老派教会には物事を白と黒にわける性癖があった。世の中に灰色はなく白か黒、つまり善か悪で捉える二元論だった。スチムソンにとって、ベルサイユ体制に挑戦する勢力はおしなべて「悪」であった。

一方、ドイツ国民は、ベルサイユ条約はあまりにドイツに不正義であると考え、ヒトラー政権に恨みの解消を託した。いい加減な国境線引きでばらばらにされた国土を回復し、大戦後生まれた新興国（チェコスロバキアやポーランド）の領土内に閉じ込められ、少数民族として虐《しいた》げられているドイツ系同胞の救済がヒトラーの願いだった。

ヘンリー・スチムソン

スチムソンの視点からは、満洲に侵攻した日本も、国境線引きの変更（是正）を求めるドイツも、そしてそのドイツに近づくイタリアも全て悪であり、三国の枢軸は何としても破壊しなくてはならなかった。英国首相ネヴィル・チェンバレンは、ベルサイユ体制の不正義を分かっていた。だからこそ、その歪《ゆが》みを外交交渉によって矯正したかった。そうしなければヨーロッパの真の安定はないと考えた。しかし、スチムソンにはそうした考えは寸分もなかった。

アメリカは、パリ講和会議でできた上がった国際聯盟《れんめい》には上院の反対で参加できなかった。それでも時にオブザーバーとしての立場で聯盟の政策に関与した。さらに九カ国条約（一九二二年）、ケロッグ・ブリアン条約（不戦条約、一九二八年）を締結することで、（聯盟のメンバーではなくても）条約締結国という立場を利用し、国際紛争に公式に関与できる立場を確保した。非加盟国の立場ではあったが国際聯盟による集団安全保障体制の主要メンバーであり続けた。スチムソンは、諸条約を金科玉条《きんかぎょくじょう》とした。ベルサイユ体制を少しでも揺るがす国には九カ国条約や不戦条約を振りかざして「侵略国」のレッテルを貼った。

スチムソンはイケイケの軍国主義者でもあった。満洲事変の際には軍事力の行使まで考えたが、フーバー大統領に諫《いさ》められた。一九四〇年の大統領選で三選を目指していたFDRは、スチムソンを共和党員であるにもかかわらず陸軍長官に抜擢した（一九四〇年七月一〇日）。干渉主義的外交を念頭にした超党派人事だった。この三週間前（六月一八日夜）、スチムソンは民間人（国際法務専門家）の立場でラジオを通じて対独戦争を覚悟するよう国民に呼びかけた。フランスの降伏が確実になっていた時期である。

「我が国は、建国以来最大の危機に直面している。もしナチスドイツが英国を降伏させ英国艦隊を接収したら、我が国は（侵略してくるドイツ軍と）わが領土・領海内での戦いを強いられる。それは生存を懸けた戦いになる」（＊1）

スチムソンはこう語ると、交戦状態にある国への武器販売を禁ずる中立法の修正と徴兵制の実施を訴えた。英国をどうしても助けたかったのである。彼のラジオ放送の数時間前には、対独徹底抗戦を呼びかけるチャーチルと、ド・ゴール将軍の演説があった。二人の「英雄」の演説の陰に隠れてスチムソンのラジオメッセージは目立っていないが、アメリカ国内の非干渉主義者はスチムソンの好戦的態度に驚いた。

米国内で広がる「非干渉主義」の世論

アメリカは、約百六十年の歴史を通じて、戦時以外で徴兵制を実施したことはなかった。

ヨーロッパで戦いは始まっていたが、アメリカは中立の立場であった。国民の多くがラジオから流れるスチムソンの訴えを不安げに聞いた。

エール大学の学生もこの演説を聞いたが、彼らは何のために戦うのか一向に理解できなかった。スチムソンは自由のために戦えとも主張したが、誰のための自由なのか皆目わからなかった。ヨーロッパの戦いはアメリカの安全保障には無関係だった。

スチムソンはその演説で干渉主義の世論を盛り上げたかった。ところが現実には逆の効果を生んだ。彼の演説に危機感を抱いた学生たちに、ヨーロッパ問題非干渉の運動を積極的に始めなければならないと考えさせた。こうしてアメリカ第一主義運動に火が付いた。リーダーとなったのが前述のキングマン・ブリュースターとロバート・スチュワートだった。

ブリュースターは学生新聞『エール・デイリー・ニューズ』の編集担当であった。彼の祖先はメイフラワー号でやって来た名門だった。ロバート・スチュワート（法学部学生）の協力を得て、学生集会を開き非干渉主義を全学に拡大した。

スチュワートは、米国でも屈指の食品メーカー、クエーカーオーツカンパニー（シカゴ）の創業者の息子であった。スチュワートは、エール大学内の排他的学生組織スカルアンドボーンズの会員に推挙されたが、非民主的組織であるとして会員になることを拒否した珍しい学生だった。言うまでもないことだが、スカルアンドボーンズの会員になることは、東部エスタブリッシュメントの一員として選抜されたことを意味していた。ヘンリー・スチムソンも会員だった。スチュワートは日々、ブリュースターの詰めているエール・デイリーニューズ編集部に通い、組織拡大に奮闘した。

彼らは学生の間で支持を広げるだけでなく、非干渉主義に立つ共和党幹部の支援を得ることに成功した。中でも共和党大統領選候補の一人だったロバート・タフト上院議員（オハイオ州）の協力は心強いものだった。中西部のビジネス界も、東部の金融資本家（国際主義者）とは距離を置いていただけに、アメリカ第一主義運動に理解を示した。カタログ販売大手のシアーズ・ローバック社会長ロバート・E・ウッドが全国組織の会長に就くことを承諾した。ウッドは先の第一次世界大戦では主計総監を務め、軍需品調達の責任者であった。彼もあの大戦の結果に幻滅していた。

ニューディール政策を社会主義計画経済の実験であると批判する諷刺画。大統領が好き勝手にできる権限（トランプのジョーカーに例えている）を持ったと批判した（ボストン・トランスクリプト紙）

アメリカ第一主義運動にはロバート・マコーミック（シカゴの主要紙である『シカゴ・トリビューン』オーナー）も賛同した。彼も先の大戦ではフランス戦線で戦った経験があった。シカゴ・トリビューン紙はアメリカ第一主義委員会の「拡声器」の役割を果たした。シカゴの実業家（綿紡績）ヘンリー・レグネリーも支援に加わった。第二次大戦後のことだがレグネリーはレグネリー出版社（Henry Regnery Company）を設立した。歴史修正主義に立つ研究者の著作はこの会社から出版されることが多い。

民主党内にも反ニューディール派が台頭

アメリカ第一主義運動の核は、ベルサイユ体制への幻滅にあることは既に書いた。これにFDRの進めたニューディール政策に反発する層も加わった。ニューディール政策を推進する法的根拠となった法律が産業復興法（NIRA：National Industrial Recovery Act）であった。この法律は二年後の一九三五年五月に最高裁判所が全員一致で憲法違反であると判断したことからもわかるように、共産主義国家の施策とみまごうばかりの国家による「市場統制法」だった。

産業復興法に代表されるニューディール政策を担った経済アドバイザーは、理想の「価格」が存在すると考えた。生産者も組合労働者も一般消費者も、全てが満足する物の値段があると「夢想」した。彼らはあらゆる商品（製品）をコード化し、理想の価格を設定した。自由競争を否定し、およそ五百の業種にカルテルを許した。決められた価格以下で販売しようとすれば罰せられた。農業、酪農分野でも価格維持政策を実施し、供給量を意図的に絞らせた。「理想の価格」は当然ながら官僚が決定する。自由競争では「神の手」が働き市場価格が決まるが、ＦＤＲ政権では官僚が「神」となった。神となった官僚のもとにはロビイストが寄って来た。諸団体が利己的な「最適な価格」の設定を求めて暗躍した。

こうしてアメリカ経済は実質「社会主義化」したのである。消費者は、人為的に設定された高い価格に苦しんだ。こうした手法で経済が回復するはずもなかった。

ＦＤＲ政権が始まった一九三三年には千三百万の失業者があったが、一九三八年になってもその数はそれほど減っていなかった（千三十九万人）。一九三九年から四〇年になってヨーロッパからの戦争需要が発生し、八百十二万人まで下がった。ＦＤＲの社会主義的ニューディール政策は失敗していたが、ヨーロッパの戦争によって救われたのである（大統領の面目が保たれた）。

アメリカ国民やワシントンの政治家には民間の自由を奪うニューディール政策を嫌う者が増えていた。その筆頭がバートン・ウィーラー上院議員（民主党、モンタナ州）だった。ウィーラー議員は民主党員ではあったが、アメリカ第一主義委員会を支援した。一九三八年の中間選挙を受けて、上院民主党は若干議席を減らしたが共和党を圧倒したままであった（民主党六十八議席：共和党二十三議席）。しかし、ワシントン議会のおよそ四分の三がヨーロッパの戦いには非干渉の立場を取るべきだと考えた。ウィーラー議員に代表されるように、民主党内にもＦＤＲの政治運営に独裁の影を見る政治家が多かったのである。ＦＤＲ政権を警戒する政治家は党派を問わずアメリカ第一主義委員会を支援することに躊躇《ちゅうちょ》しなかった。

＊１：Marc Wortman, The forgotten antiwar movement, Yale Alumni Magazine, Jul/Aug 2016 https://yalealumnimagazine.com/articles/4331-the-forgotten-antiwar-movement

ゲッペルスも絶賛する英国の対米プロパガンダ

ヒッチコックの映画『海外特派員』は「プロパガンダ映画の最高傑作。多くの聴衆の心に（ドイツへの）敵意を醸成する第一級の作品だった」（ゲッペルス）

諜報工作機関「BSC」とは

アメリカが第一次世界大戦に参戦した原因の一つに、英国の反独感情を煽《あお》るプロパガンダ工作の成功があった。

英国は、「ドイツ人は獣」というイメージをアメリカ国民に植え付けた（敵の非人間化）。だからこそアメリカの若者は、〝十字軍的使命感〟を持って大西洋を渡り命を捨てる覚悟ができた。その工作がいかなるものだったかは、拙著『戦争を起こすのは誰か：歴史修正主義の真実』（文春新書）に詳述したのでここでは繰り返さない。

ウィンストン・チャーチルは体調を崩したネヴィル・チェンバレンの後を襲い、首相に就任した（一九四〇年五月）。第一次世界大戦時、対独戦を強硬に主張したのは当時海軍大臣であったチャーチルだった。彼は先の大戦で、対アメリカプロパガンダ工作の重要性を身をもって経験していた。そこで、首相となったチャーチルは間髪を入れずアメリカの参戦を実現させるべく、大掛かりな対米プロパガンダ工作を開始した。

チャーチルの命を受けたのは英国秘密情報部（ＭＩ６）長官スチュワート・メンジーズだった。メンジーズはカナダ人実業家ウィリアム・スティーブンソンに白羽の矢を立てた。一八九七年生まれのスティーブンソンは第一次世界大戦にパイロットとして戦い、十二機のドイツ機を撃墜した英雄だった。自身も撃墜され捕虜となったが脱出に成功している（一九一八年一〇月）。（＊１）

大戦後、写真の無線電送システム（radio facsimile）を開発し、英国の新聞社に売りこんで財を成した。（＊２）ナチスドイツの台頭を早い時期から嫌った彼は、同じくヒトラーを嫌うチャーチルにドイツの情報を流し、彼の反ナチス演説の「ネタ」を提供した。

一九四〇年春、メンジーズはスティーブンソンにアメリカに渡りＦＢＩ長官Ｊ・エドガー・フーバーにコンタクトをとるよう指示した。フーバー長官はＭＩ６との関係を密にしたいと考えていた。そして、その重要性をルーズベルトに説き、スティーブンソンの活動に協力することの許可を得ていた。（＊3）スティーブンソンの主たる狙いが対米世論工作にあることはわかっていた。フーバーは、スティーブンソンの身分を英国政府の公式職員とするようアドバイスした。彼は英国政府からパスポート・コントロール・オフィサーの肩書きを得ると、ニューヨーク市五番街にあるロックフェラーセンターに事務所を構えた（一九四〇年六月）。

名目上パスポート管理にあたるその事務所は英国の対米諜報工作の中枢としてその規模を拡大し、ロックフェラーセンターの二フロアを占領するまでになった。二千人規模に増えたスタッフは全米各地だけでなく、カナダ、中南米、カリブ海諸島にまで駐在した。巨大化した組織は、英国安全保障調整局（ＢＳＣ：British Security Coordination）と呼ばれた。

ウィリアム・スティーブンソン

「スティーブンソンは、ＦＤＲとフーバーＦＢＩ長官の了解のもと、全米の新聞に対するプロパガンダ活動を開始した。非干渉主義（孤立主義）の組織にはスパイを潜入させ、その活動を支援するワシントンの議員らのスキャンダルを探した（彼らを追い落とすためである）。反ナチスの偽文書をメディアに流し反ドイツ世論を煽った」（＊4）

これがBSCの活動である。この組織にFDR政権は積極的に便宜を図った。FDRとスティーブンソンの連絡役を時に務めたロバート・シャーウッド（FDRのスピーチライター）は、「わが国と英国との秘密の連携は度を越えていた。このことを非干渉主義勢力が知ったなら、大統領弾劾の大きな声が上がってもおかしくない状況であった」と回顧している。（＊5）

国内には干渉主義に立つ「連合国支援アメリカ防衛委員会」「自由のための戦い」といった組織があった。こうした組織が「直ちに対独宣戦布告すべし」と大きな声を上げていたが、その裏ではBSCが支援していた。

スティーブンソンは、後にCIAの父と呼ばれるウィリアム・ドノバンとの関係も深めていった。ドノバンは大統領から、「諜報組織の運営テクニックを英国から学べ」と指示されていた。ドノバンは戦略情報局（OSS）を作り上げた。この組織は後にCIAに発展することになる。アメリカの諜報組織はスティーブンソンの協力で出来上がった。

ちなみに、彼の第一次世界大戦時の軍認識番号は「７００７５８」。イアン・フレミングのスパイ小説『００７』の主人公ジェームズ・ボンドのモデルがスティーブンソンではないかと言われる由縁である。

徐々に抹殺されていく反ＦＤＲの言論人たち

英国の世論工作テクニックの一つに「意に沿わない言論人の抹殺」があった。ＢＳＣが本格的に活動する前の段階でもすでにこうした動きは始まっていた。

歴史修正主義に立つ歴史学者ハリー・エルマー・バーンズは、『ニューヨーク・ワールド・テレグラム』のコラム欄「リベラルの視点（The Liberal Viewpoint）」に論考を定期的に寄稿していた。しかし、一九四〇年五月からその執筆陣から外されていた。干渉主義に立つ企業広告主からの圧力の結果だった。（＊６）

次の犠牲者はオズワルド・ガリソン・ヴィラードだった。彼は一八六五年に創刊された『ネーション』（リベラル進歩派の週刊誌）にコラム欄を持ち、ＦＤＲ政権の干渉主義的かつ軍国主義的政治姿勢（外交政策）を批判し続けていたが打ち切りになった。彼は最後となったコラム（一九四〇年六月二十二日号）に次のように書いている。

「私は引退しようと思うが、この決断が早まったのは本誌編集長が編集方針を変更したからである。本誌は（FDR政権の）戦争への準備行為を進める（干渉主義的な）姿勢に強く反対してきた。その方針を変えるというのである」（＊7）

これに対し、批難された編集長フリーダ・カーチウェイは「非干渉主義的態度こそナチスが我が国に望んでいる姿勢なのである」（＊8）と強弁した。

ジョン・T・フリンは、戦後、歴史修正主義に立ちFDRを激しく批判することになるジャーナリストであるが、彼もFDR外交を批判する論考を多数発表していた。フリンは、現在でも刊行されている『ニューリパブリック』に「他人のカネ」と題するコラム欄を持っていた。フリンもヴィラード同様にFDR政権の軍国主義的外交姿勢を批判するコラムを書き続けた。しかし、同誌編集人はFDR外交の結果、活況を呈し始めた軍事関連産業の好景気を喜んでいただけにフリンのコラムは目障りになった。（＊9）

彼のコラムは一九四〇年十一月に終了し主張を発表する場を失ったが、アメリカ第一主義委員会ニューヨーク支部の責任者となりFDR政権批判を続けたのである。フリンは一九三二年の大統領選挙の際、FDRを熱心に支援していた。FDRにニューヨーク金融市場の腐敗を一掃して欲しいと期待したのだ。フリンの激しいFDR批判は、裏切られた失望の気持ちの表れでもあった。

ヴィラードやフリンの他にも評論の世界から排除されたものは多い。ガレット・ギャレット（『サタデー・イブニング・ポスト』編集人）、アルバート・ノック（評論家）、H・L・メンケン（言語学者）らも排斥された知識人であった。

ハリウッドに浸透し「干渉主義称賛映画」製作を指令

排斥の対象は知識人だけではなかった。ハリウッド映画産業も親英・反ナチス・プロパガンダ・キャンペーンの重要な歯車であった。従って、非干渉主義に立つ俳優は敵視された。その典型が女優リリアン・ギッシュだった。彼女は、一九八〇年代後半まで活躍しただけに日本でもよく知られている。一九七〇年にはアカデミー名誉賞を受賞している。

ギッシュはアメリカ第一主義委員会全国委員会の会員となり、集会では積極的に演壇に立っていた。すると彼女への出演依頼はぱたりと止まった。彼女は、「ハリウッド映画業界、そしてニューヨークブロードウェイの演劇界でブラックリストに載せられた」と会長のロバート・ウッドに零《こぼ》した後、アメリカ第一主義委員会の活動から身を引いた。映画に出演するにはそうする以外になかった。（＊10）英国のプロパガンダ工作はビジュアル効果の高い映画を重視した。それだけに銀幕のスターに非干渉を訴えられてはならなかったのだ。

映画と英国プロパガンダ工作の関係を示す典型的な作品は、アルフレッド・ヒッチコックが監督した『海外特派員』（一九四〇年）である。ドイツ空爆が続くロンドンからニューヨークの新聞特派員がラジオを通じて、果敢に戦うロンドン市民の姿を伝える物語であった。最後のシーンでは、「いまあなたにもロンドンの町に降り注ぐ爆弾の破裂する音が聞こえるに違いない。このまま私の放送を聞いていてほしい。あなたもこの戦いの一員なのである。（後略）」と訴えている。アメリカ世論に英国への憐憫《れんびん》の情を生むのが目的であった。歴史家リン・オルソンは次のように書いている。

「ドイツ宣伝相のゲッペルスはプロパガンダの天才だった。その彼がヒッチコックの『海外特派員』を絶賛した。『プロパガンダ映画の最高傑作だ。多くの聴衆の心に（ドイツへの）敵意を醸成する第一級の作品である』と感心したのである」

「一方でナイ上院議員は、ハリウッドの行状に苦虫を噛み潰していた。（中略）ナイ議員はラジオを通じて『我が国には戦争したくて仕方がない勢力のプロパガンダ工作に満ちている。その手段となっているのが全国に二万ある映画館なのである』と訴えた。監督のヒッチコックもプロデューサーのウォルター・ワンガーもナイの批判を聞き流した。作品の目的はわが国民に、ヨーロッパに背を向けてはならないと訴えることにある、と堂々としていた」（＊11）

リリアン・ギッシュ

非干渉主義の知識人・有名人の排斥や、ハリウッドでの干渉主義称揚映画の製作にロックフェラーセンター（ＢＳＣ）からの指令があったことは確かである。

＊１：The Intrepid Life of Sir William Stephenson

https://www.cia.gov/news-information/featured-story-archive/2015-featured-story-archive/the-intrepid-life-of-sir-william-stephenson.html

＊2：Sir William Stephenson

http://www.thecanadianencyclopedia.ca/en/article/sir-william-stephenson/

＊3：Max Hastings, The Secret War, William Collins, 2015, p96

＊4、5：Lynne Olson, Those Angry Days, p116

＊6、7、8、9：Murray N. Rothbard, Isolationism and the Foreign New Deal, Mises Institute, Oct. 11,2007

https://mises.org/library/isolationism-and-foreign-new-deal

＊10：Justin Raimondo, They Fought the Good Fight: The Legacy of the America First Committee, July 25, 2001

http://www.antiwar.com/justin/j082302.html

＊11：Lynne Olson, Hollywood: Lobbying for War

http://www.lynneolson.com/hollywood-lobbying-for-war/

リンドバーグの抵抗 その一

非干渉主義の旗手、かく戦えり

ニューヨーク・パリ間のノンストップ飛行を成功させた英雄は、のちにルーズベルト最大の敵となった

莫大な懸賞金付きのプロジェクト

これまで述べてきたように、第二次世界大戦序盤、ヨーロッパ戦線への積極的干渉を求めていたフランクリン・デラノ・ルーズベルト（FDR）大統領だったが、米国世論は圧倒的多数（八〇％）が非干渉の立場をとっていた。こうして一九四〇年九月、米国世論を代表する「アメリカ第一主義委員会」が設立される。

そのアメリカ第一主義委員会の広告塔を買って出たのが、チャールズ・リンドバーグだった。ここでは、彼の果たした役割を深掘りしていこう。

リンドバーグの生い立ちについては以下のサイトを参照した。http://www.charleslindbergh.com/history/

チャールズ・リンドバーグは、一九〇二年、ミシガン州デトロイトに生まれた。チャールズのファーストネームは父親と同じである。父は法律家であったが、一九〇六年の中間選挙にミネソタ州から立候補して下院議員に当選した。以来、共和党議員として十年間活躍した。彼は第一次世界大戦への参戦に反対していた。

リンドバーグはいったんウィスコンシン大学工学部に入ったが、空を飛ぶことに魅せられ、ネブラスカ・スタンダード航空社の操縦訓練生に応募し、採用された（一九二二年）。この二年後、陸軍航空隊に入隊し、飛行訓練学校を首席で卒業した。卒業後は、ロバートソン航空会社に採用され、セントルイス・シカゴ間の航空郵便を運んだ。

優秀な民間パイロットの道を歩むリンドバーグは、ある懸賞金のついたプロジェクトが気になっていた。一九一九年、ニューヨークのホテル王レイモンド・オルテイグが、ニューヨーク・パリ間のノンストップ飛行成功者に二万五千ドルの賞金を出すと宣言していたのである。現在価値に直すと、およそ三千五百万ドルに相当する懸賞金であった。すでに何人かが挑戦していたが、成功したパイロットはいなかった。中には命を落とした者さえいた。

一躍、国民的アイドルになった

リンドバーグは、セントルイスで九人のスポンサーを探し、大西洋横断に耐える特別機をサンディエゴの航空機メーカー（ライアン航空機）に作らせた。特別機は「スピリット・オブ・セントルイス号」と命名された。

一九二七年五月一〇日、サンディエゴから飛び立ったリンドバーグは、二十時間二十一分後、セントルイス経由でニューヨークに到着。大西洋横断の前座飛行が北米大陸横断飛行であった。

この九日後の五月二十日午前七時五十二分、リンドバーグはルーズベルト空港（ニューヨーク市近郊のロングアイランド）を離陸し、三十三時間半後の翌二十一日午後十時二十一分、パリ

ニューヨークから立つ直前のリンドバーグ

のル・ブーゲ飛行場に着陸した。三千六百マイル（約五千七百九十キロメートル）の大西洋ノンストップ飛行に成功したのである。

ブーゲ飛行場では数千人が空の英雄を迎えた。今でもその映像は見ることができるが、文字通り立錐《りつすい》の余地もないパリ市民がリンドバーグを熱狂的に歓迎した。できるはずがないと思われていた大西洋を跨《また》いだ冒険飛行の成功で、リンドバーグは一躍世界のヒーローとなった。ガストン・ドゥメルグ仏大統領は、レジオンドヌール勲章を贈ってその栄誉を称えた。

帰国したリンドバーグは、ハリー・グッゲンハイムと会った。ハリーは鉱山で巨富を築いたユダヤ系富豪、グッゲンハイム財閥の御曹司である。ハリーは、ニューヨークを飛び立つリンドバーグに対し、無事パリへの飛行に成功したら、彼のところに顔を出すよう言っていたのである。ハリーは近々に訪れるであろう空の旅の時代を、アメリカ国民に啓蒙したいと考えていた。父の名を冠した「ダニエル・グッゲンハイム基金」を使い、リンドバーグ全米飛行ツアーを企画した。これに同意したリンドバーグは、愛機スピリット・オブ・セントルイス号で全米四十九州九十二都市を訪問した。各地で空の旅を啓蒙する講演は百四十七回にもなった。どの街を訪れても市民の熱狂的な歓迎に応えるパレードが企画され、パレードの総距離は千二百九十マイル（約二千キロメートル）に及んだ。

リンドバーグがアメリカ国民のアイドルと化した理由は、冒険飛行の成功だけによるものではない。彼はまだ二十代半ばの若者であり、ハンサムだった。その知的風貌と毛並みの良さは、国民的アイドルとなる必要条件を満たしていた。

アメリカ政府は、国威発揚に彼を利用することを決めた。グッゲンハイム基金による全米ツアーを終えたリンドバーグに、中南米ツアーを持ちかけた（一九二七年）。この企画で訪れたメキシコでは、米駐メキシコ大使ドワイト・モローに招かれ、クリスマス休暇を大使一家と過ごした。その際に知り合ったのが大使の娘アン・モローだった。一九二九年、二人は結婚。これ以後、リンドバーグの飛行にはアンも同乗することが増えた。

悲劇の英雄、祖国を脱出し英国へ去る

一九三二年三月、そんなリンドバーグ夫妻を悲劇が襲う。ニュージャージー州の私邸から、二十カ月になる長男が誘拐されたのである。午後八時から十時頃の犯行で、犯人は施錠《せじょう》されていなかった二階の窓から梯子《はしご》を使って侵入した。家人がまだ起きている中での大

胆な犯行だった。犯人からは身代金五万ドルの要求があった。

それは、現在価値で九十万ドルに相当する大きな金額だった。犯人との複数回のやりとりを通じて現金引き渡しの方法が決まった。身代金は長男の居所を書いた紙片と引き換えに、ニューヨーク郊外ブロンクスの墓地で渡された。しかし紙片に書かれた情報は出鱈目だった。

この日からおよそ二週間後、長男の腐乱死体が発見された。司法解剖により、誘拐直後に殺害されていたことがわかった。その後、犯人は杳《よう》として知れなかったが、二年半後に容疑者が浮かんだ。身代金に使われた紙幣はその番号が記録され、各地の商店に知らされていたのだ。その一枚が使用された際に商店の店主が気付き、密かに使用者の乗って来た車のナンバーを控えていたのである。警察が車の所有者ブルーノ・ハウプトマンの家を捜索すると、まだ使われていない一万五千ドルの紙幣、身代金受け渡しの代役に立った人物の電話番号を書いたメモ、犯行に使われたと思われる梯子が見つかった。ハウプトマンはドイツ系移民で、ドイツ国内で犯罪歴があった。一九三五年一月三日から裁判は始まり、死刑判決が下った。ハウプトマンは一九三六年四月三日、電気椅子で処刑された。

長男殺害の五カ月後に、次男ジョンが生まれた。アメリカンヒーローの長男誘拐事件で全米は奇妙な興奮を見せていた。「ジョンを誘拐されたくなかったら身代金をよこせ」という脅迫があったり、精神異常者が現実に誘拐を試みることさえあった。リンドバーグは二十四時間体制のボディーガードを必要とした。メディアもリンドバーグ家をターゲットとしたゴシップ記事を書いた。パパラッチ（カメラマン）達は、一家にカメラの焦点を合わせた。

〝メディアサーカス〟と言われる状況に嫌気がさしたリンドバーグは、家族を連れて米国脱出を決めた。一九三五年十二月、マンハッタン島の人気のないドックから密かに貨物船に乗り込み、イギリスに向かった。リンドバーグ一家は、ケントにある大きな屋敷に落ち着いた。イギリス国会議員ハロルド・ニコルソンが提供した建物であった。

ベルリン五輪開催目前のドイツからの招待

リンドバーグはイギリスに落ち着いたはずであったが、時代が彼を放っておかなかった。まず動いたのは米国駐ベルリン大使館付駐在武官トルーマン・スミス大佐（陸軍）だった。スミスは、ナチスドイツの空軍力増強が気になっていた。（＊1）

ドイツ航空機産業の詳細な情報を欲していたスミスは、リンドバーグの利用を考えた。スミスはエール大学を卒業後陸軍に入ると、一九二〇年代にドイツに赴任したことがあった。ドイツ語を流暢に操り、ヒトラーがまだ権力を握る前から彼の才能（危険さ）に注目し、ヒトラーとの会見を果たしていたほどだった。彼は、ドイツ陸軍総体についての情報には詳しかったが、ドイツ空軍については、自身の技術知識の欠如から正確な情報を収集できなかった。スミスはドイツ政府にリンドバーグを招待させることに成功した。

この時期のドイツは、ベルリンオリンピックの準備の最中であった。世界的英雄リンドバーグを招くことで、国威高揚の祭典に花を添えられると考えられていた。スミスはケントに向かい、リンドバーグにドイツの招待を受けるよう説得した。落ち着いた生活を望んでいたリンドバーグだったが、ドイツ航空産業の発展ぶりを自身の目で確かめたいという願望があった。彼は、訪問を秘密にするという条件でドイツ行きを了承した。

しかし、リンドバーグの訪問を宣伝に使う狙いのあったドイツがその約束を守るはずもなかった。彼のドイツ訪問は忽《たちま》ち知れ渡り、レポーターやカメラマンが彼の後を追った。しかしドイツは、インタビューだけは許すことがなかった。

リンドバーグ夫妻とスミス夫妻がベルリンに入ったのは一九三六年七月二十二日のこと

である（オリンピックは八月一日から十六日）。当時の英国保守派はベルサイユ体制の不正義を理解し、平和的手段でドイツになされた不正義の解消を考える対独宥和姿勢を見せていた。ドイツのベルサイユ条約への恨みを晴らしながら、工業国として再生させる。強力なドイツは、赤化工作を続けるソビエトに対する防波堤になると考えた。従って、リンドバーグのドイツ行きを英国が邪魔するはずもなかった。

ゲーリングの尋常ならぬ歓迎ぶりの背景にあった人種観

リンドバーグの訪問を最も歓迎したのは、ヘルマン・ゲーリングだった。ゲーリングは一九三五年三月のドイツ再軍備宣言以降、ドイツ空軍の増強を指導するナチス政権（軍部）ナンバー2であった。

オリンピックへの関心が最高潮に達した七月二十八日、ゲーリングはリンドバーグ歓迎の昼餐会を開いた。このパーティーにはドイツ空軍の幹部、パイロットらが列席した。ドイツ空軍高官はゲーリング以下そろって親米であった。（＊2）

ゲーリングの歓迎ぶりは尋常ではなかった。空を飛ぶことへの熱情の共有がその大きな理由であったが、他にも理由があった。それは、彼の愛した亡妻がスウェーデン人だったことだ。ナチスドイツにとって、スウェーデン人はドイツ民族同様最高レベルの人種であった。スウェーデン系移民であるリンドバーグの大西洋横断飛行は、同民族の優秀性を改めて立証するものだった。それがゲーリングのリンドバーグ歓迎ぶりに表れていた。

余談になるがナチスドイツがスウェーデンを特別に扱ったことは、一九三九年九月の開戦後も同国を占領しなかったことからわかる。中立国として丁重に扱い続けていた。

リンドバーグはベルリンのテンペルホーフ空港に招かれた。そこではドイツ空軍の主力爆撃機ユンカースＪｕ52の操縦を許された。また、ドイツ空軍のエリートパイロットらと懇親の機会を持った。さらにはハインケル社の航空機製造工場を訪れ、最新の急降下爆撃機、中型爆撃機、戦闘機あるいは偵察機の製造状況をつぶさに視察できたのである。工場では技術者があけすけに開発状況を説明した。

彼は長男誘拐事件で法務を担当した友人、ヘンリー・ブレッキンリッジ（ウィルソン政権時代の陸軍次官）への手紙で次のように書いた（ブレッキンリッジは民主党員だが、ニューディール政策を強く批判していた。一九三六年の民主党大統領候補選の予備選ではＦＤＲを批判した数少ない人物だった）。

「今のドイツの航空機生産能力はヨーロッパ諸国の中でもナンバーワンである。（中略）我が国にもユンカースやハインケルに匹敵する航空機製造メーカーはない。ドイツには（空軍にかける）強い情熱がある。それを実現する能力もある。空軍指導者の知的能力はどの国のそれよりも高いのではないかと思われる。ドイツはすでに強力な空軍力を実現している」（＊3）

1941年５月23日、マディソン・スクエアガーデンで演説するリンドバーグ

リンドバーグはその後も繰り返しドイツを訪問した。一九三六年から三八年の間に五度ドイツを訪れたことになる。

一九三八年にはフランス北西部沿岸の小島（Illiec Island）を購入し、フランスに移住した。フランスに移っても有力者との交流は続いている。食事を共にした人物にはジョージ六世、ケント公、ジョセフ・ケネディ駐英大使、ウィリアム・ブリット駐仏大使などがいる。

米国の駐独大使は一九三七年にドイツ嫌いのドット大使から、ドイツ語に流暢でナチスとの宥和外交を望むヒュー・ウィルソンに代わった。ナチスドイツがユダヤ人を排斥する施策を徐々に始めていた時期であった。それに伴ない海外に脱出するユダヤ人も増えた。ナチス政権は、海外に脱出するユダヤ系移民が持ち出せる財産総額に制限をかけた。これがユダヤ人の自由な「脱出」の障害になっていた。

一九三八年十月十八日、ウィルソン大使はこの制限の軟化を望み、ナンバー2のゲーリングらを米国大使館主催のディナーパーティーに招いた。パーティーにはリンドバーグも招待されていた。この席でゲーリングはホスト（大使）に感謝の意を伝えるスピーチをした。

それを終えると今度はリンドバーグに握手を求め、突然ドイツイーグル勲章を授与したのである。リンドバーグがそれを断れる空気ではなかった。結局、彼は一度もそのメダルをつけることなく、ミズーリ歴史協会に寄贈している。

警戒していたFDRとの面会

一九三九年春になると、港湾都市ダンツィヒ返還を巡ってドイツとポーランドの関係が悪化した。英仏両国がポーランドの独立保障を発したことでヨーロッパ情勢は一気に緊迫した。この年の四月、リンドバーグはアメリカへの帰国を決意する。

帰国したリンドバーグを、FDRがホワイトハウスに招いた。アメリカでFDRに勝るとも劣らない国民的人気をリンドバーグは持っていた。（＊4）一九三九年四月二十日正午、リンドバーグはFDR執務室（オーバルオフィス）に案内された。FDRは椅子に腰かけたまま身体を前傾させてリンドバーグの手を固く握った。二人が顔を合わせるのは初めてであったが、周囲の者にはとてもそのようには思えないほど温かい歓迎であったらしい。FDRはリンドバーグの妻アンの「ご機嫌を伺って」いる。FDRの娘アンナが彼女の高校のクラスメートであった。（＊5）二人の会談は三十分続いた。これが二人の最初で最後の出会いであった。

先に書いたようにリンドバーグの父は非干渉主義者であり、顧問弁護士の友人ブレッキンリッジは反ニューディール政策の立場であった。リンドバーグがFDRを警戒していただろうことは間違いない。

一九四〇年五月十日、ナチスドイツはようやく西方への侵攻を開始した。前年の九月一日のポーランド侵攻から始まった戦いで英仏両国はドイツに宣戦布告した。ドイツが布告したのではない。ヒトラーは英仏両国への攻撃を控え続け講和の機会を窺《うかが》ってきたが、ついに諦めたのである。

ヒトラーが戦線拡大を決めたその一週間後、リンドバーグはラジオ放送で米国民にヨーロッパの戦争への非介入を次のように訴えた。

「ヨーロッパ問題への介入でアメリカが得るものは何もない。アメリカを攻める国もない。防衛力を強化することがもっとも重要である」

FDRの「敗北」宣言は「嘘」だった

アメリカ第一主義運動の全国展開を計画していたブリュースター（Jr）とロバート・スチュワートは、リンドバーグの非干渉主義の主張を聞いていた。彼にこの運動の先頭に立ってほしいと考えた。スチュワートはシカゴの賛同者の一人、ロバート・マコーミック（シカゴ・トリビューン紙）のパーティーにリンドバーグがやってくることを知った。

一九四〇年八月四日、そのパーティーはマコーミックの私邸で開かれた。スチュワートはリンドバーグに運動の趣旨を懸命に説明し、支援を訴えた。リンドバーグはスチュワートを気に入った。運動が超党派であることにも心を動かされた。この数カ月後にリンドバーグは正式にアメリカ第一主義委員会の会員となったのである。

本書の冒頭で、エール大学でのリンドバーグ講演に三千人の学生が集まったことを書いた（一九四〇年十月三十日）。この前日には平和時の徴兵制度が現実に施行され、八十万人の徴兵対象となる若者の氏名が抽選でリストアップされた。戦う理由のわからないヨーロッパでの戦いに駆り出される不安が若者たちに広まっていた。

エール大学はコネチカット州ニューヘイブンにある。リンドバーグの演説のあった日の早朝、同市のユニオン駅に大統領専用列車が着いた。わずか十分ほどの停車時間だったが、FDRは列車から出てスピーチした。動員された二千人ほどの労働組合員が大統領の到着を待っていたのである。このスピーチを聞く組合員の間には熱狂はなく、冷たい雨が降りしきっていた。

FDRはこの日の午後、ボストンに着いた。彼は国民に不参戦の強い風が吹いていることを感じていた。

「私はこれまでも述べてきたように、そして何度でも繰り返すが、あなた方の子供たちは外国の地での戦争に送り込まれることはけっしてない」

と、熱弁を揮《ふる》ったのはこの夜のことであった。心にもない嘘を平気で言えるFDRの真骨頂とも言える演説であった。

この演説をアメリカ第一主義委員会のウッド会長は喜んだ。彼にはこれがFDRの「敗北」宣言に聞こえた。リンドバーグに次のようなメッセージを送り、運動の成功を祝った。

「ついに権力を握っているFDR政権に非干渉を公約させた。この選挙に彼らが勝利したとしても、この約束を反故《ほご》にすることはできはしまい」(＊6)

FDRのスピーチライターであるロバート・シャーウッドも国民の強い非干渉の意思を思い知らされた。

「孤立主義者は激しい戦いに勝利し、ＦＤＲに強い影響を与えた。これから何が起ころうがＦＤＲがこの国を意識的にリードして戦争することはできなくなった。戦争に『巻き込まれる機会』を待つしかなくなったのである」（＊7）

ＦＤＲに非干渉を約束させたアメリカ第一主義委員会は、その後も活動を緩《ゆる》めなかった。しかし、ＦＤＲは選挙に勝利した。そして、それ以後も選挙公約とは裏腹に干渉主義的外交を続け、ヒトラードイツを刺激し続けた。「ヒトラーがやってくる」というキャンペーンもその一環である。イギリス諜報組織ＢＳＣ（英国安全保障調整局）の工作も進んでいた。

それでもアメリカ国民の意思は変わらなかった。アメリカ第一主義委員会の会員も増えていった。全米に四百五十の支部を設立し、会員は八十万人を超え、全米最大の非干渉主義（孤立主義）の組織に成長した。ＦＤＲ政権、そして英国の組織的工作があっても、相変わらず八〇％以上の国民はヨーロッパ戦争への干渉を頑として拒否したままであった。

一九四一年五月二十三日、ニューヨークのマディソン・スクエアガーデンの集会ではリンドバーグの演説に二万人が聞き入った。リンドバーグのこの日の演説は次のようなものだった。アメリカ第一主義委員会の主張の本質がよく表れている。

霞ケ浦・霞月楼松の間での歓迎の宴、中央がリンドバーグ（料亭霞月楼〈土浦市〉HPより）

「私たちが今日ここに集まったのは、独立国家としての我が国の在り方を理解しているからである。我が国の周りに壁を作って他所の世界とは交わらないなどと主張しているのではない。我が国は戦争ばかりしているヨーロッパとは距離を置くべきなのである。若者が海を渡ってイギリス、ドイツ、フランス、スペインなどによる他国の支配を目指す戦いで命を落とすようなことをしてはならない。（中略）いま我が国は二つの意見に割れている。その理由は、我が国とは無関係な争いごとであっても戦うべきだと主張するものがいるからである」

「民主主義という仕組みは戦争によって他国に押し付けられる制度ではない。そんなことをしても必ず失敗する。民主主義が成功するとしたら、国民がそれを自らの意思で求めた時だけである。我々ができることは強制ではなく、民主主義のすばらしさの手本を見せることだけなのだ」

「私は我が国が参戦することに反対する。我が国が参戦すればヨーロッパはめちゃくちゃになる。イギリスにもフランスにも戦いに敗れてほしくはないが、両国はドイツに勝てないであろう。我が国が参戦するようなことになれば、我が国の民主主義も変質する。我が国民生活も悪化する」（＊8）

日本にもやってきたリンドバーグ

リンドバーグの日本訪問について触れておきたい。本稿の趣旨とは若干外れるが、読者には興味あるところだと思う。

一九三一年夏、リンドバーグ夫妻は水上飛行機シリウス号による北太平洋横断飛行を計画した。この計画を聞いた日本大使館は夫妻を歓迎することが国益となると進言した。

〈昭和六年六月十一日　堀（悌吉）軍務局長殿
「リンドバーグ」大佐夫妻の取扱いに関する件
今夏「リンドバーグ」陸軍大佐夫妻の極東飛行計画発表せられ候処、ご承知の通り同大佐は最初の大西洋無着陸飛行家としてまた寛厚の人物として同夫人は人気あり。且つ潜勢力ある「モロー」駐墨大使の令嬢として夫妻共当国に於ける人気は勿論その社会的地位に於て最高（ホワイトハウスサークル）に属する処。本人の渡日に関し、当出淵（勝次）大使より小官を通じ特別に吾が海軍に依頼してくれとの申し入れもあり小官も吾が海軍にてこの際相当の便宜を供与しおくことは近き将来に期待せらるる海軍問題に於いて多少なりとも貢献する処あらんかと思考致し候（後略：原文カナ）下村米国在勤帝国大使館付武官〉（＊9）

下村武官の建言通り日本は歓迎の準備を整えた。八月二十四日根室、同二十六日霞ケ浦、さらに大阪、福岡と回り九月十九日には中国に向かった。現在、福岡空港国際線ターミナルにシリウス号の模型が展示されているが、旧名島飛行場（水上飛行機専用）に同機がやって来たことを記念するものである。

＊１：Those Angry Days, p14-15

＊２、３：Heather L. Dahl, Charles A. Lindbergh: The 20th Century's First Celebrity, 2001 http://www.sunnycv.com/steve/WW2Timeline/lindbergh3.html

＊4、5：Those Angry Days, xiii

＊6、7：The forgotten antiwar movement

＊8：スピーチ全文は以下のサイトで確認できる。

http://charleslindbergh.com/pdf/speech7.pdf

＊9：国立公文書館アジア歴史資料センター　HP　リンドバーグ来日

https://www.jacar.go.jp/seikatsu-bunka/p08.html

リンドバーグの抵抗 その二

ナチスのレッテルを貼られ真珠湾攻撃と共に去りゆく

リンドバーグによる干渉主義反対の世論は、「アメリカで『我が闘争』が説教される」と煽動され、最後には寝耳に水の日本の真珠湾攻撃で消滅していった

「アメリカン・ヒトラー」と呼ばれたリンドバーグ

前に紹介したアメリカ第一主義委員会のウッド会長のリンドバーグへの言葉（「ついに権力を握っているFDR政権に非干渉を公約させた。この選挙に彼らが勝利したとしても、この約束を反故にすることはできはしまい」）で分かるように、アメリカ第一主義委員会の活動目的は成就したといえる。全国に広がった組織に支えられて、国民の八〇％以上が参戦に反対し、FDRはたとえそれが本意ではなかったとしても、民意に阿《おもね》る公約をせざるを得なかっ

た。

しかし、ＦＤＲの公約が嘘である（本心でない）らしいことも、国民は気付いていた。だからこそ一九四一年になっても同委員会の活動が止むことはなかった。ＦＤＲがどのようなレトリックを使おうが、彼が英国を支援し、参戦を実現したいことは、国民の目には明らかだった。

ナチス（ハゲタカ）に乗せられたリンドバーグ

イーグル勲章を受けた過去を揶揄

非干渉の国民世論の形成に国民的英雄リンドバーグが先頭に立っていることに対し、干渉主義勢力は我慢ならなかった。彼らは、リンドバーグの人気を落とすことができればアメリカ第一主義委員会の勢いを止められると考え、「リンドバーグはナチス」キャンペーンを始めた。

リンドバーグのナチス関係者との交流は、アメリカ政府（スミス大佐）の要請で始まったものだった。その結果、ゲーリングをはじめとした空軍高官との交流が始まり、ドイツの空軍能力の詳細な情報をアメリカは得ることができた。しかし、そうした経緯はもはやどうでも良かった。リンドバーグはFDR政権の敵なのである。

彼らは、リンドバーグがナチスからイーグル勲章を授与されていることを利用した。それを理由に、「リンドバーグはナチス」キャンペーンを始めたのである。ホワイトハウスがいかなる手法でリンドバーグ中傷キャンペーンを進めたかは、先に書いた歴史修正主義の論考を今でも熱心に伝えるレグネリー出版社が発行したジェイムズ・ダフィー著『リンドバーグvsルーズベルト』に詳しい。（＊1）

「リンドバーグはナチス」キャンペーンの中心になった組織は、カンザスシティのユニテリアン派牧師レオン・バークヘッドの立ち上げた団体「自由を求める戦い」（FFF：Fight For Freedom）だった。

FFFは、リンドバーグを貶《おとし》める大量のパンフレットを配布した。そこにはリンドバーグは、「民主主義の敵」「アメリカン・ヒトラー」などといった中傷の言葉が並んでいた。彼らは、アメリカ第一主義委員会の集会に現れ、こうしたパンフレットを配布し、委員会メンバーと小競り合いを起こした。リンドバーグには警官の警護が必要になるほどの脅迫があった。（＊2）

リンドバーグを揶揄《やゆ》する諷刺画《ふうしが》も多く使われた。六九ページの二枚がその典型である。リンドバーグの中傷に動いたのは、民間組織だけではない。FDRはエドガー・フーバーFBI長官に、アメリカ第一主義委員会にナチスの資金が入っていないか探らせた。FBIはリンドバーグを含むおよそ百の個人や組織を盗聴したが、そうした事実は見出せなかった。（＊3）

業《ごう》を煮やしたフーバー長官は、米国・ドイツ間長距離電話を盗聴することを決めた。しかし、FBIの盗聴許可申請を連邦通信委員会（FCC）委員長ジェイムズ・フライは認めなかった。（＊4）

ヒトラーがやって来る

リンドバーグには、「反ユダヤ主義者」のレッテルも貼られた。しかし、リンドバーグにはそのような思想はなかった。かつての全米ツアーは、ユダヤ系のグッゲンハイム財閥がスポンサーだった。関係者はリンドバーグから反ユダヤ思想を感じさせる言葉を一度も聞いたことがなかった。

ＦＤＲを筆頭にした干渉主義者の、アメリカ第一主義委員会とその指導者を貶める手法は功を奏さなかった。焦るＦＤＲは、「ヒトラーがやって来る」キャンペーンを何とか成功させたかった。それがいかに荒唐無稽《こうとうむけい》で虚偽の情報（嘘）に満ちたものであり、ただただ国民の恐怖を煽《あお》るだけのものだったかについては、ハーバート・フーバー著『裏切られた自由』（上巻、草思社）に詳述されている（第二十九章　ヒトラーがやって来る！）。

一九四一年十月二十七日のルーズベルト大統領演説は、その典型であった。

「私の手元には、ヒトラー政府が極秘に作成した地図がある。新世界秩序を夢想する者たちが描いた地図である。地図には、南アメリカと中央アメリカの一部が描かれている。ヒトラーがこの地域の再編成を企図していることがわかる」

「地図に描かれた地域にはいま十四の国が存在する。ヒトラーはその国境を消してしまおうとしている。彼らは南アメリカを五つに分割し属国化を企《たくら》んでいる。そのうちの一カ国は、我が国の生命線であるパナマ運河を領有することになっている。

手元にあるこの地図は、ナチスの狙いは単に南アメリカを支配するだけでなく、我が国までも狙っていることを示している」

「この地図の他にも、ヒトラー政府が作成した文書を入手している。そこには、ドイツが勝利したら、何をするかが書かれている。彼らが決して公表できない、公表したくない内容である」

「そこには宗教の廃止が謳《うた》われている。カソリック、プロテスタント、イスラム、ヒンドゥー、仏教、ユダヤ。宗派にかかわらず廃止を企んでいる。教会所有の財産は、すべてドイツ政府あるいは傀儡《かいらい》政権の所有となる」

「十字架を含むすべての宗教的シンボルは破棄され、聖職者らは追放されたり、強制収容所に送られる。ヒトラーより神を敬う者たちはそこで拷問を受けるのである」

「ドイツは我が国に国際ナチス教会なるものを設置し、説教師はドイツから送り込まれる。そこで説教されるのは聖書に代わってヒトラーの著書『我が闘争』である。教会には十字架に代わって鉤十字が飾られる」（＊5）

ＦＤＲ政権は、イギリスの工作組織とともにあらゆる手段を尽くしたが、八〇％を超える国民の「参戦反対」の思いを変えることはできなかった。アメリカ第一主義運動は、強力な国民運動となりＦＤＲの前に立ちはだかった。しかし、この盤石にも見えた運動に、たった一つだけ弱点があった——。

「日本の悪行＝ドイツの悪行」に気付いたＦＤＲ政権

アメリカ第一主義運動は、あくまでも「ヨーロッパ問題非干渉」というアメリカ建国以来の伝統に戻ることを訴えたものだった。決して「何がなんでも戦わない」と唱える観念的平和主義の運動ではなかった。防衛力の増強を訴え、自国が侵略された場合にのみ戦うべきであるという思想だった。日本のテレビに時折現れる知識人や芸人の中には、「敵が攻めてきたら逃げる」と臆面もなく発言する者がいるが、アメリカ第一主義運動はこのような態度とは無縁だった。誰もが「侵略（攻撃）されたら国を守るために戦うのは当然である」と考えていた。ただ、ヨーロッパの戦いに参戦することに命を懸ける理屈を見出せなかったのである。

国民が単なる臆病な平和主義者ではないことをＦＤＲ政権は分かっていた。従って、アメリカが他国から攻撃されるシナリオを作れば、どれほど強力な非干渉運動があっても戦争はできるのである。だからこそＦＤＲはヒトラーを挑発し続け、最初の攻撃を仕掛けさせたかった。しかし、ヒトラーがその作戦に乗らなかったことは、多くの研究で明らかになっている。

ＦＤＲ政権はどこかの時点で、「ドイツを刺激するよりも日本を刺激することがより効果的」だと考えた。日本との戦争ができたとしても、それがＦＤＲ本来の目的である対独戦争参戦になるとは限らない。しかし、幸いなことに日本は日独伊三国同盟を締結（一九四〇年九月）してくれた。ＦＤＲ政権の「意地悪な対日外交」の結果、日本がドイツとの提携に活路を見出そうとした結果だった。ＦＤＲの狡猾な作戦の成果だった。この条約でＦＤＲ政権は、アメリカ国民に対して「日本とドイツの行動がリンクしている」と訴える口実ができた。「日本の〝悪行〟はドイツの〝悪行〟と同じである」と説明できるのである。

アメリカ第一主義運動の弱点

この時、干渉主義者たちはアメリカ第一主義委員会のある重大な弱点に気が付いた。先に書いたように、アメリカ第一主義委員会の活動は超党派であった。リンドバーグが同会の先頭に立ったのも、党派性のない純粋な非干渉主義の運動であることに納得したからだった。

ヨーロッパ問題非干渉の思想が運動の鎹《かすがい》だっただけに、それ以外の点では考えの異なるグループも参加していた。

そうしたグループの一つがカリフォルニア州の非干渉勢力だった。その中心人物にハイラム・ジョンソン上院議員（共和党：任期一九一七〜四五年）がいた。

上院議員の前には同州知事（任期：一九一一〜一七年）であったが、その時代に多くの日本人移民差別政策を推進した。

カルビン・クーリッジ政権時代の一九二四年には、排日移民法が成立した。日本からの移民に門戸を閉ざす同法案の成立で日米関係は極度に悪化したが、この法律成立の中心的役割を果たしたのがジョンソン議員だった。そのジョンソン議員がアメリカ第一主義委員会の有力なメンバーであった。

アメリカ第一主義委員会の活動はその成り立ちからも分かるように、ベルサイユ体制への不信感が運動のコアにあった。その意味でこの運動はアメリカの対ヨーロッパ外交にかかわるものであり、メンバーの関心は、もっぱらヨーロッパにあった。

一方、極東外交、とりわけ対日外交についての関心はほとんどなかった。これがＦＤＲ

が見つけたアメリカ第一主義運動の弱点だった。

「ハイラム・ジョンソン議員のカリフォルニア州での支持母体は反日本人移民の勢力だった。同議員の有力支持者はアジア人排斥聯盟の会員が多かった。彼らこそが日本人の州内での土地所有を禁じる法案を通した勢力だった。反日本人の人種差別意識を持つメンバーがアメリカ第一主義委員会に入っていた。だからこそ、委員会はFDR政権のアジア（対日）外交への関心が薄かったのである」（＊6）

FDRの「本当の敵」

FDR政権は、アメリカ第一主義運動には「アジアへの無関心」という弱点があることに気が付いた。そこでFDRは、日本を挑発するやり方に密かに切り替えた。

日本の史書に詳述される対日経済制裁からハルノートまでの動きは、アメリカ第一主義委員会の関心の外にあった。FDR政権は、その欠点を見事なほどに突いた。

FDR政権は対日交渉の実情を国民から隠し通した。近衛《このえ》文麿《ふみまろ》首相の首脳会談要請も公式に説明せず、最後通牒であるハルノートを手交したことも国民には知らせなかった。真珠湾攻撃の報はアメリカ第一主義委員会にとっては寝耳に水、後ろから鈍器で殴られた感覚であった。

「FDRのアジア外交についての関心がアメリカ第一主義委員会には欠けていた。その欠陥によって、あれだけの高まりを見せていた非干渉のエネルギーが一気に雲散霧消《うんさんむしょう》することになった」(*7)

FDRの「本当の敵」は日本でもドイツでもなく、アメリカ第一主義委員会であった。FDRは、その敵を日本を使って粉々に打ち砕いた。真珠湾攻撃はアメリカ第一主義委員会に向け放たれた「奇襲攻撃」だった。真珠湾攻撃後、同委員会はたちまちにその活動を終息させた。

同委員会の活動は十分に価値あるものだったが、国際主義者(干渉主義者)によって完膚《かんぷ》なきまでに打ちのめされた。その活動の記録は、ハーバート・フーバー元大統領の努力によって、フーバー研究所に収められている。

リンドバーグもアメリカが攻撃された以上、もはや非干渉の立場ではいられなかった。彼は戦いの場に立つことを望んだがＦＤＲ政権はそれを許さなかった。それでも民間人の立場で、太平洋方面で戦うパイロットたちの訓練に当たった。

リンドバーグは一九七四年に七二歳で亡くなった。彼の墓所はハワイ（マウイ島）にある。このことはリンドバーグと真珠湾攻撃の関わりを図らずも暗示しているのである。

＊１：James P. Duffy, Lindbergh vs Roosevelt, Regnery Publishing, 2010
＊２：Those Angry Days, p324-325
＊３、４：同右３２７頁
＊５：ハーバード・フーバー著『裏切られた自由』上巻（草思社）３８４頁
＊６、７：They Fought the Good Fight

第二章

真珠湾攻撃を恐れていたハワイ

地元メディアは日本軍来襲を予見していた

来週末、日本が攻撃してくる――地元ハワイの新聞は1941／12／7（アメリカ時間）の一週間前に報じていた

「来週末にも攻撃の可能性」

一九四一年十一月三十日は日曜日であった。真珠湾攻撃の一週間前にあたる。

この日、ハワイ島ヒロの新聞『ヒロ・トリビューン・ヘラルド』はその一面で、「日本、来週末にも攻撃の可能性」（JAPAN MAY STRIKE OVER WEEKEND）と報じた。その文字が新聞題字よりも大きいことからも、記事の重大性が分かる（左頁の上写真）。

「日米交渉の失敗で日本（東京）は、自暴自棄になっている」との小見出しも見えている。

この記事から分かるように、日本の攻撃がどこかで始まる強い可能性を報じている。ハワイもターゲットの一つになることは明らかである。この記事の存在について、釈明史観主

義に立つ正統派歴史書は書かない。読者のほとんどもこの事実を知らないであろう。

日本との戦いが翌週末から始まる可能性があるとハッキリ報じていたのは、『ヒロ・トリビューン・ヘラルド』だけではない。オアフ島の有力紙『ホノルル・アドバタイザー』も同様の見出しで報じていた（写真下）。

見出しには「来栖《くるす》大使、『戦いの準備はできている』と語る」とある。要するに、「来週には（具体的な場所までは特定できないにしろ）日本が攻撃してくる」とハワイの複数のメディアは報じていたのである。

16, Cards 0! O. S. C. Wins To Get Rose Bowl Bid
HILO TRIBUNE HERALD
FINAL EDITION
JAPAN MAY STRIKE OVER WEEKEND
Steps Taken To End Dock Delays Here
FOOTBALL SCORES
Midshipmen, Pitt, Huskies Other Winners
Army Charters Honolulu For 16 Day Period
Reds Re-Take Rostov After Classic Move
Tokyo Desperate As Talks Collapse
Tojo Demands Asia 'Purge'

1941年11月30日『ヒロ・トリビューン・ヘラルド』（ハワイ島）
引用：https://pandorasbox2014.wordpress.com/tag/november-30-1941/

Japanese May Strike Over Weekend!
The Honolulu Sunday Advertiser
FINAL EDITION
KURUSU BLUNTLY WARNED NATION READY FOR BATTLE
Mexican Cop Says Torrance Slayer Of Wife
Leaders Call Troops Back In Singapore
Will Santa Fit The Plane?
Nazis Clamp Curfew Over Montmarte
Foreign Affairs Expert Attacks Tokio Madness

1941年11月30日『ホノルル・アドバタイザー』（オアフ島）
引用：https://pandorasbox2014.wordpress.com/tag/november-30-1941/

それでは、なぜハワイ駐

留の米海軍や陸軍は高度な警戒態勢を取らなかったのか。なぜハワイがターゲットとなる可能性を考えなかったのか――その答えは単純である。ワシントンからそうしたことを窺《うかが》わせる情報が届いていなかったからである。

ハワイ諸島の防衛は、陸軍（ウォルター・ショート中将）の所管であった。彼には、ワシントン本省から「ハワイ日系人による破壊活動を警戒せよ」との訓令があったが、それ以上の指示はなかったし、警戒のレベルを上げるべき新たな情報もなかった。地方紙が「翌週末には日本の攻撃があるらしい」と報じても、より日米交渉の事情に詳しいはずの本土の新聞は報じていない。本省からも、具体的な警戒レベル引き上げの指令はきていない。ショート将軍やキンメル提督（海軍）が、「地方紙の飛ばし記事」と見なしたとしても不思議ではない。

ハワイの地方紙がいかなる情報に基づいてこの記事を書いたのか。このことを考察する前に、最新の研究をベースに真珠湾攻撃の可能性をワシントン中枢部がどこまで知っていたかについて概説しておきたい。すでに多くの研究で明らかになっているが、初見の読者もいるであろう。

これまで明らかになった証拠を総合すれば、ＦＤＲ以下の政権要路が十二月七日（アメリカ時間）の真珠湾攻撃の可能性を理解していたことは疑いの余地がない。「証拠の比較衡量」基準に従えば、ＦＤＲ政権は真珠湾攻撃をあらかじめ知っていたとの結論にならざるを得ない。

この点については、歴史修正主義に立つ二人の学者（スチーブン・Ｊ・スニエゴスキ、チャールズ・ラットン）の論考（＊１）が参考になる。二人は多くの証拠を挙げているが、そのいくつかを紹介する。

なぜか黙殺される「風」暗号の傍受

日本政府は出口の見えない日米交渉が決裂した場合に備えて、世界の在外公館に〝その日〟に備える訓令を出していた。天気予報の体裁を取った暗号文、「東の風、雨」のメッセージが発せられた場合、それは日米交渉の決裂を意味するとあらかじめ知らせていた。

この通知は機密性の低い日本の外交暗号（Ｊ19）を使ってなされたこともあり、アメリカ側はたちまち解読していた。アメリカが、「東の風、雨」暗号を傍受したのは、十二月四日のことである（一九四四年、陸・海軍聴聞会証言）。

この情報が、確かに米軍上層部に伝えられたことはＮＳＡ（米国家安全保障局）が一九八〇年三月に秘密解除した文書（『風』メッセージに関わる文書〈ＳＲＨ-０５１：ラルフ・Ｔ・ブリッグスからの聴き取り報告書〉）によって明らかになっている。日本の在外公館は、このメッセージを受けて暗号解読機を破壊した。日本が戦争準備段階に入ったことは明白だった。

著名な真珠湾問題研究者に、ゴードン・プランゲがいる。彼の著作に『我々が眠りについていた夜明け：語られなかった真珠湾攻撃の内幕』（一九八一年）（＊２）がある。プランゲは一九八〇年五月に亡くなったが、二人の弟子が彼の残した原稿を整理加筆して上梓した作品である。二人は「一九八一年五月一日までに明らかになった資料全てに目を通した」と胸を張っているが、この時点で判明していた「風」メッセージが解読されていた事実に触れていない。

プランゲは、

「米軍は日本の真珠湾攻撃を示す多くの情報を入手してはいたが、それがＦＤＲ政権上層部に正確に伝わっていなかった。課報責任者に何が重要な情報かを的確に判断して政権幹部に伝える能力がなかった。情報処理は〝アート〟であり、アメリカはその能力に欠けていた。従ってＦＤＲ政権中枢に真珠湾攻撃を許した責任はない。原因は米軍の機密情報（暗号解読されて得た情報）の扱いの問題であった」

と主張する学者である。（＊3）

FDR政権には責任がないとする勢力（釈明史観主義の歴史家、民主党政治家）には、都合がよい解釈である。

プランゲは、ダグラス・マッカーサー将軍が率いた連合国軍総司令部（GHQ）傘下のG2歴史編纂部に所属し、一九四六年十月から五一年七月まで日本に暮らした。そのこともあり、「日本通の学者」と見なされていた。

帰国後、メリーランド大学で歴史学を教えていた彼に真珠湾問題についての論考執筆を依頼したのは、大手出版社のマグロウヒル社だった。このメインストリームに属する出版社は、プランゲ教授に二万五千ドル（現在価値で約六万二千ドル〈約六百八十二万円〉）という破格の印税を前払いしている。彼の死後、二人の弟子が遺稿をどうしても完成しなくてはならなかった理由もそこにあった。『我々が眠りについていた夜明け』の出版には、FDR擁護派が関わっていたのであろう。

プランゲ論考の特徴は、日米関係（二国間関係）に直接的に焦点を当てるあまり、FDRのヨーロッパ外交と日米交渉との相関を見ていないところにある。彼の考察に深みが欠けるのはそれが理由である。日本でも広く知られている映画『トラ・トラ・トラ！』は、彼の作品がベースである。戦後においても「歴史戦」とハリウッドの関わりが透けて見える。

爆撃標的「網目」マップ

一九四一年九月初め、ホノルル総領事喜多長雄は、真珠湾を網目状に区分けして、升目ごとに艦船の数や位置を東京に報告せよとの命令を受けた。この作業を担ったのが領事館員タダシ・モリムラ（吉川猛夫《よしかわたけお》の偽名）だった。

彼は真珠湾を見渡す日本料亭「春潮桜《しゅんちょうろう》」を頻繁に利用し、情報を集め東京に伝えた。吉川が行っていたのは古典的な「爆撃標的マップ」の作成作業だった。艦船の正確な位置情報を収集する行為は、空爆目的があることを示している。吉川の発する情報は、ＲＣＡ電信会社ホノルル支局の回線を利用していたこともあり、ＯＮＩ（米海軍情報局）によって詳細に把握されていた。

このことはＦＤＲに報告されていた。ＦＤＲはＲＣＡ社長デイヴィッド・サーノフとの会食（一九四一年十月）時に、東京ホノルル間の交信記録をＯＮＩに提出するよう要請して

FDR政権は真珠湾攻撃をあらかじめ知っていた――

いることからそれがわかる。
十二月三日、吉川は重要なメッセージを東京に発していた。

「この日の電信文書には、アメリカ海軍艦船の（最新の）動きを、ラニカイビーチ沿いに立つ家の窓から灯りを使って知らせること、その灯りは沖合の偽装漁船あるいは潜水艦から確認できることが記されていた。（中略）これが十二月六日まで続けられることになっていたことから、奇襲攻撃時間を予告するものになっていたことがわかる」（＊4）

ＯＮＩ局長アラン・カーク大佐（後にトルーマン政権で駐ソビエト大使）は、ハワイから伝えられる日本のスパイの動静に危機感を持ち、この情報をハワイの司令官に伝えるべきだと訴えていた。

しかし、彼は一九四一年十月に転属命令を受けている。ＦＢＩも吉川のスパイ行為を掴んでおり、エドガー・フーバー長官は逮捕と国外退去を訴えていたが、ＦＤＲの許可は下りなかった。ＦＤＲ政権が吉川を「泳がせていた」ことに疑いの余地はない。

＊１：Stephen J. Sniegoski, The Case for Pearl Harbor Revisionism,2004
https://www.unz.com/article/the-case-for-pearl-harbor-revisionism/
Charles Lutton, Pearl Harbor: Fifty Years of Controversy, The Journal of Historical Review, Winter 1991-1992 (Vol. 11, No. 4)

＊２：Gordon W. Prange, At Dawn We Slept: The Untold Story of Pearl Harbor, McGraw -Hill, 1981 邦訳『真珠湾は眠っていたか』(講談社)

＊３：ジェフリー・レコード著『アメリカはいかにして日本を追い詰めたか』(渡辺惣樹訳／草思社)１４６～１４７頁

＊４：The Case for Pearl Harbor Revisionism

震えながら「真珠湾奇襲」の一報を待っていたルーズベルト

日本の真珠湾攻撃をリークしたのは誰だったのか。その目的は何だったのか？

「未必の故意」に対するFDRの「鬼の涙」

フィリピン海軍士官ラモン・アルカラスは、フィリピン駐屯の米軍が沿岸警備を目的として編成した小規模艦隊に所属していた。彼は一九四一年十二月一日の日記に次のように書いていた。

「日本との外交交渉がワシントンで続いている中で、本日、英国海軍極東司令官トム・フィリップス提督がマニラ入りした。フィリピンを含む極東防衛について、フランシス・セイアー高等弁務官、ダグラス・マッカーサー米極東陸軍司令官、トーマス・ハート米海軍アジア艦隊司令官と協議するためである」

「マニラ湾のすべての艦船は、十一月二十七日に発せられた警告に従って警戒態勢にある。『日没前には、三隻以上の艦船が並列しないようにしながら指定の埠頭に碇泊《ていはく》すべし』の指示に従って碇《いかり》を下ろしている」(＊1)

この記述で三つのことがわかる。一つ目は、マニラ湾は真珠湾と違って、日本の奇襲攻撃に備えてかなり高い警戒態勢にあったこと。二つ目は、日米会談は継続中だと理解されていたこと。三つ目は、警戒レベルが十一月二十七日に上がっていることである。この日(ワシントン時間)は、ハルノートが発せられた日である。

極東英国海軍のトップを迎えてフィリピン防衛の協議が進められているころ、FDRはハート提督に怪しい命令を発した(十二月一日、ワシントン時間)。

「三隻の小艦船の甲板に機関銃と艦砲を装備させる。その小艦船に、南進する日本艦隊の航路を遮《さえぎ》らせること。指揮は米海軍士官に執《と》らせ、船には米国国旗を掲げよ」

具体的には、漁船を軍船に艤装《ぎそう》した上でフィリピン人漁師を乗せ、その指揮は米海軍士官が執《と》れという命令だった。大統領が現場レベルの作戦命令を下すのは異例だった。これについて、歴史修正主義に立つ史家ハリー・エルマー・バーンズは、大統領直々の指令にはFDRの深い思惑があったと分析している。（＊2）

「当時のマニラでは、日本海軍を警戒する態勢はすでに取られていたので、この命令が偵察を目的としたものでないことは明らかだ。漁船を武装させたのは、国際法上軍艦と解釈させるためであろう。艤装軍船に、南下する日本艦隊の航路を遮《さえぎ》らせ、交戦状態に陥らせることが究極の狙いであり、そこで乗員が犠牲になれば真珠湾攻撃前に、日本との戦いを始めることができる。そうすれば真珠湾での予想される被害も回避できるし、フィリピン人漁師が犠牲になれば、日本との戦いを渋るフィリピン現地人に反日感情が生まれることが期待できる」（バーンズ）

ハート提督は急ぎ小艦船を準備したが、日本艦隊との接触（交錯）が期待できる海域に出航（出陣）できたのは一隻（イザベル号）だけだった。二番艦となったラナカイ号は、出航直前に真珠湾攻撃の報を聞いた。三番艦はまだ決まってもいなかった。結局、イザベル号も日本艦隊との交錯ができず、三隻の囮《おとり》作戦は失敗に終わった。

「十二月一日に下された艤装漁船作戦が、日本からの攻撃を誘い出す目的であったことに疑いの余地はない。この計画は、真珠湾攻撃前の時点で準備されたものである。それが狙い通りの結果を生んでいれば、真珠湾の太平洋艦隊も、また多くの米国人の命も救われたに違いない」(バーンズ)

米国が戦争を始める場合、国内世論をまとめるため、必ずと言っていいほど米軍が先制攻撃を受ける事件が起きる。トーントン事件(米墨戦争)、メイン号事件(米西戦争)がその典型であり、戦後になってもトンキン湾事件(ベトナム戦争)が起きた。日米戦争においても、そのような事件(仕組まれた犠牲)を起こすことが計画されていても不思議ではない。

筆者は、FDRを含めた政権幹部は、真珠湾をターゲットにした日本の大艦隊がハワイに向けて南進していることを知っており、その動向が刻々と報告されていたことは確実だと考えている。

ＦＤＲは卑劣で冷酷な男であったが、彼にも「鬼の涙」があった可能性がある。真珠湾がターゲットになっていることを分かっていながら放置する「未必の故意」に対する自責の念が、彼の心に湧いたのではなかったか。「国民を裏切っている」という意識の存在である。

だからこそ、十二月一日に大統領直々に囮工作をハート提督に命じ、日本に真珠湾を攻撃させる前に対日戦争を始められないかと考えたのではなかったか。それがバーンズの推察にある三隻の囮作戦命令の本意だったのだろう。

リーク元は誰か

それでは、ハワイの地元紙はいかなる情報をもとに「日本、来週末にも攻撃の可能性」と見出しをつけた記事を発したのか。歴史学者スチーブン・Ｊ・スニエゴスキは次のように考察している。（＊3）

「多くの証言の中でもジョセフ・リーブのそれは重要である。リーブは新聞記者であったが、かつてFDR政権で働いていたことがあった。彼は、コーデル・ハル国務長官と親しかったようである。一九四一年十一月二十九日、『FDRは、日本が数日のうちに真珠湾を攻撃することを知っている』と、ハルがリーブに漏らしたというのである。FDRは、『そのまま放っておく。そうすればこの国が参戦できる』という考えだった。ハルはこのやり方に反発し、リーブに真珠湾奇襲計画の内容を含んだ解読済みの日本暗号文書を渡したというのである」

「ハルは、絶対に情報源を明かさないことを条件にして、内容をメディアに明かすことにした。リーブは、当該文書をユナイテッド・プレス（UP）に持ち込んだ。しかし、同社はそれをニュース配信することを拒んだ。それでも、その内容の一部を同社の外信として配信することができた。これを記事にしたのは、ハワイの有力紙『ホノルル・アドバタイザー』だけであった。同紙は、一九四一年十一月三十日付で『日本、来週末にも攻撃の可能性』と題した記事を一面に掲載した」（注：前文に書いたように『ヒロ・トリビューン・ヘラルド』紙も報じた）

筆者は、コーデル・ハルを評価しない。彼の『回顧録』（＊4）には、自己弁護の言葉が並んでいる。それでも、真珠湾の同胞を見殺しにすることへの強い自責の念はFDR以上にあった可能性がある。ジョセフ・リーブの証言が正しければ、ハルも真珠湾攻撃を避けたかったのである。より正確に言えば、メディアを介した間接的な形ではあっても、ハワイの陸海軍に警告を発し、警戒態勢を整えさせたかった。そうすることで、少しでも同胞の犠牲を少なくしたいと願ったのではなかったか。筆者の推察が正しければ、ハルもFDR同様に「鬼の涙」を流したのである。

FDR政権の国務長官コーデル・ハル

筆者は、ハルがリーブを通じて日本の攻撃が十二月七日にあることを流したことは確実だと考える。冒頭に、フィリピン海軍士官ラモン・アルカラスの日記を紹介した。彼の日記には、日米交渉が継続していると書かれていた。ところが、『ヒロ・トリビューン・ヘラルド』には、その交渉は破綻したとはっきり書かれている。ＦＤＲ政権は、議会にも国民にも、日本に対して疑似最後通牒であるハル・ノートを提示したことを隠していた。従って、外面的には日米交渉は続いていたと説明されていた。だからこそ、アルカラスはそう記していたのである。

では、なぜ『ヒロ・トリビューン・ヘラルド』は明確に日米交渉は破綻したと報じたのか。やはり政権中枢からのリークがあったからこそ、ここまで書けたのではなかったかと考えるのである。

運命の報告を待ち構えていたルーズベルト

ワシントン時間十二月七日朝、ホワイトハウスの模様は穏やかだったとされている。歴史修正主義に立ち、ＦＤＲ外交を激しく批判するチャールズ・カラン・タンシル教授（ジョージタウン大学）の著書『裏口からの参戦』（筆者訳／上下巻／草思社）には、その模様は次のように描写されている。

「大統領もハリー・ホプキンス（大統領の側近、ホワイトハウスに部屋をもらい住んでいた）

も日本との戦いの始まりに驚くほど冷静だった。真珠湾攻撃の報が届く前のホワイトハウスの執務室（オーバル・オフィス）は穏やかだった。外から入る電話を遮断していた。大統領は、切手のコレクションを静かに整理し、ホプキンスは大統領の愛犬ファラと戯れていた。そして運命の午後一時が過ぎた。しばらくして日本軍による真珠湾攻撃を知らせる報が届いた」（＊5）

この書の翻訳は筆者が担当した。タンシル教授の分析の鋭さに驚嘆しながら翻訳作業を終えた。ただ、この場面の描写についてだけは、腑《ふ》に落ちていない。日本軍のハワイ来襲を知っていたにしては、落ち着きすぎている。FDRもホプキンスも、震えながら真珠湾からの報告を待っていたのではなかったか。予想される被害が少ないことを祈りながら、同胞の命を見殺しにする自責の念に堪《た》えていた。そしてそこには、公式記録ではその日の居所をなぜか特定できないマーシャル将軍（参謀総長）もいたのではなかったか。筆者にはそう思えてならない。

日米開戦にいたるプロセスは、まだまだわからないことばかりである。新たな発見があれば、これからも日本の読者に届けたいと考えている。

＊１：Diary of Ramon A. Alcaraz, December 1, 1941, The Philippine Diary Project Diary entries from Philippine History.
http://philippinediaryproject.com/1941/12/01/december-1-1941/

＊２：Harry Elmer Barnes, Pearl Harbor After a Quarter of a Century, Left & Right4, No.1, 1968, p9~132

＊３：Stephen J. Sniegoski, The Case for Pearl Harbor Revisionism,2004
https://www.unz.com/article/the-case-for-pearl-harbor-revisionism/

＊４：コーデル・ハル『ハル回顧録』中公文庫、二〇一四年

＊５：チャールズ・カラン・タンシル著『裏口からの参戦 下』（渡辺惣樹訳／草思社）５０５頁

第三章

原爆を落とした男
ヘンリー・スチムソンの野望

恐怖の「スチムソン・ドクトリン」は、こうして生まれた

ヘンリー・スチムソンはいかにして原爆投下の実務最高責任者になったのか

FDRの「武器」として

筆者は、これまでの著書や本書の第一、第二章で、戦後に虚構された「ルーズベルト神話」に挑戦してきた。その作業を通じて、FDR（ルーズベルト）という人物の異常な性格とあの戦争とのかかわりについては一定の理解を得ることができたと考えている。

FDRはほとんど本を読まなかった。歴史書を読んだ形跡もあるが、それらは「戦記」であり、真の意味の歴史書ではない。蔵書は二万冊を超え、「これから起こるすべての事象への対処法はそうした書物にすでに書かれている」と豪語したヨセフ・スターリンとは大きな違いがあった。

それでも一九四〇年には米国史上初めての三選を果たし、四四年には重篤な病に侵されていることを国民から隠し通し、四選にも成功した。その理由は、彼には、気の利いたスピーチ力と、アメリカ第一主義委員会を筆頭とした国内の敵（非干渉主義勢力）を叩く「政治屋」としての天性の勘があったからである。

しかし、歴史にも経済にも疎《うと》かったＦＤＲにはもう一つの武器があった。彼の周りに集結した「優秀な」干渉主義者たちである。その筆頭がスチムソンだった。広島、長崎への原爆投下を決めた実務上の最高責任者でもあった。

彼の思想は一面特異ではあるが、当時の米国指導者の世界観の典型とも言える。スチムソンを知ることはＦＤＲ、そして彼に続いたトルーマンの心の内を探ることでもある。彼を知ることで、あの戦争を「より合理的に解釈する」ことが可能になる。

「日米開戦」のための「スチムソン・ドクトリン」

ヘンリー・スチムソンは、米国の対日外交を歪《ゆが》めた政治家の筆頭である。彼は冒頭に書いたようにＦＤＲ政権で陸軍長官に任用されたが、ハーバート・フーバー前政権では政権ナンバーツーである国務長官（一九二九年三月〜一九三三年三月）を務めていた。満洲事変勃発（一九三一年九月）から満洲国成立（一九三二年三月）の時期に当たる。

支那大陸東北部（満洲）における日本の特殊権益を認めることは、二十世紀初頭の米国外交の基本だった。日本の安全保障上、朝鮮あるいは満洲が日本の喉元に突き付けられた匕首《ひしゅ》のような存在であることを理解したセオドア・ルーズベルト大統領が進めた政策は、桂・タフト秘密協定（一九〇五年）によって結実した。その後に続いた同協定を追認する高平・ルート協定（一九〇八年）も石井・ランシング協定（一九一七年）も、日本の安全保障上における満洲の重要性をアメリカが理解し、実質的に日本の満洲進出を了解（容認）したものだった。従って、満洲事変から満洲国建国までの日本外交は、この三つの日米合意の存在を前提に解釈されなくてはならない。

しかし、スチムソンは日米外交の「了解の歴史」に一切の配慮を見せなかった。ひたすら中国の主張に耳を傾け、日本の満洲政策を批難した。そこには彼自身の脳裏に、「中国は民主化の道を歩みつつある」という幻想があった。その結果、フーバー政権は満洲国を承認しないと決めた。スチムソンには、満洲国は「中国の民主化を妨げるファクター」に思えたのである。

彼の外交（非承認政策）は「スチムソン・ドクトリン」と呼ばれた。退任直前の一九三三年初めには、次期大統領に決定していたFDRの私邸を訪れスチムソン・ドクトリンの継続を訴え、それに成功した。

日米間には、「日本の対満洲（および朝鮮）政策」について「阿吽《あうん》の呼吸」による共通理解があった。その呼吸を乱し、日米戦争への道筋を立てた人物がスチムソンだったのである。

スチムソンは一八六七年、ニューヨークの富裕な一族に生まれた。（＊1）その年、医学の道を進んでいた父ルイスは、妻キャンデイスを亡くした。その悲しみの中で学問に専念することを決めると、息子ヘンリーを妹メリーに預けた。

スチムソンは十三歳でマサチューセッツ州の名門私立校フィリップス・アカデミー（寄宿制男子校）に入学した。同校は新島襄《にいじまじょう》（同志社大学創設者）も学んだ学校である（一八六七年卒業）。スチムソンは飛び級で十五歳で卒業するほどに優秀だった。エール大学の入学を希望したが年齢制限のため一年待つことになった。

エール大学では、リベラルアーツ（教養学）を専攻し、同大学の秘密親睦組織スカルアンドボーンズの会員に推挙された。入会には秘密のイニシエーション（儀式）が必要なことからも分かるように、同会は極端に排他的な組織だった。成績優秀者だけがメンバーに推挙され、その多くが米国の指導者（エスタブリッシュメント）となる。前述のウィリアム・タフト陸軍長官（のち大統領）や、戦後の二人のブッシュ大統領もメンバーだった。

法律家から陸軍長官へ

一八八八年、スチムソンは百二十四人中三位の成績で卒業すると、ハーバード大学法学部に移り、九一年には弁護士資格を得た。父の縁故でニューヨークで開業するエリフ・ルート法律事務所で研修を始め、九三年一月には正式採用となった。エリフ・ルートはニューヨークではよく知られた企業法務のエキスパートで、大手銀行や鉄道会社をクライアントにしていた。

この頃のアメリカでは、産業の寡占（独占）化が目立ち始めていた。一八九〇年、市場独占や寡占に反発する世論を背景にシャーマン反トラスト法が成立した。同法の現実的運用は法律家にとっては難しい作業だった。規制しようとする政府も、同法から逃れようとする企業も優秀な法律家を必要とした。スチムソンは、エリフ・ルートの良きアシスタントとして活躍した。

十九世紀末は政治家と利権団体の癒着《ゆちゃく》が目立ち始めた時期でもある。倫理観（正義感）の強いスチムソンは「良き政府を作るクラブ」(Good Government Club）の創設にもかかわり、道義的社会の実現を目指した。

スチムソンの上司エリフ・ルートは、共和党のスター政治家セオドア・ルーズベルト（TR）と懇意だった。二人はアメリカ開拓魂の復活を目指して設立（一八八八年）されたブーンアンドクロケットクラブ（B&Cクラブ）のメンバーだった。（＊2）

一八九九年、時の大統領ウィリアム・マッキンリー（共和党）はルートを陸軍長官に登用した。米国は米西戦争（一八九八年）に勝利したが、その過程で陸軍の後進性が露呈した。ルートに陸軍改革を期待した人事だった。法律事務所の運営はスチムソンら若手パートナーに任せられた。

一九〇六年、マッキンリー大統領の暗殺（一九〇一年九月）を受けて以来、大統領職にあったTRは、スチムソンを連邦地裁（ニューヨーク南部地区）担当検事に任命した。

二十世紀初頭のニューヨーク市は、汚職の渦巻く街だった。民主党系集票組織タマニーホールによる利益誘導、企業家による株価操作、独占企業による市場支配などが目立っていた。そうした弊害の是正を目指す大統領は、正邪の意識の高いスチムソンに白羽の矢を立てた。この頃のスチムソンの事務所からの報酬はおよそ年二万ドル（現在価値五十七万ドル）にまでなっていたが、検事となれば収入は半減する。それでも彼は大統領の要請を受けた。

事務所の運営は彼自身が採用した若手法律家に任せた。その一人にフェリックス・フランクファーター（ユダヤ系、一八八二年生）がいた。後のFDR政権では経済政策アドバイザーとなり、ニューディール政策の理論的基礎を作ることになる人物である。彼とのつながりが、スチムソンが後のFDR政権で共和党員でありながら陸軍長官に再登用された理由の一つになった（詳細は後述）。

一九一一年、TRの後を襲ったウィリアム・タフト大統領はスチムソンを陸軍長官に抜擢した。初めての政府要職であったがタフトの期待に応えた。建設の進むパナマ運河の防衛や民族独立派が蠢《うごめ》く植民地フィリピンの治安維持などを念頭にした陸軍再編を、参謀総長だったレオナルド・ウッドと協力して進めた。ウッドはかつてTRの上官であった。

当時の米国陸軍兵力はわずか七万（士官およそ四千三百）に過ぎなかった。（＊3）それまでの米国陸軍の主たる「敵」は原住インディアンであり、ヨーロッパ大陸諸国のように数十万から百万単位の兵力は必要なかった。モンロー宣言（一八二三年）によってヨーロッパ問題不干渉が米国外交の基本だっただけに、外国に派遣する規模の軍隊は不要だったのである。

一九一二年の大統領選挙では共和党が分裂し、民主党候補ウッドロー・ウィルソンが漁夫の利を得て当選した。任期を全うしたスチムソンは再び法曹の世界に戻ったが、多くの時間を共和党の党務にあて、政治の世界から遠ざかることはなかった。

「国際連盟に参加すべき」

一九一四年七月、第一次世界大戦が勃発すると、スチムソンはヨーロッパ大陸紛争非介入の伝統（モンロー主義）に反し、「米国はヨーロッパの戦いに必ず巻き込まれる。準備を急ぎ始めるべきである」と訴えた。自身も盟友、レオナルド・ウッドが指導するピッツバーグの陸軍教練所に入所し、兵士としての訓練を受けた。当時の米国では、エリートこそが積極的に国家に尽くすべきだ（兵役につくべきだ）という意識が強かっただけに、スチムソンの決断は必ずしも特別なものではない。米国エリートとして、当然の志願であった。

一九一七年四月六日、スチムソンの予言（願い）通り、米国は対独宣戦布告に踏み切った。

同年九月、彼は第三〇五野戦連隊に配属され、パリの南東およそ三百キロメートルに位置するラングルに駐屯した（副指揮官、階級は中佐）。ドイツの敗北が確実となった一九一八年八月に帰国した。ヨーロッパの戦いはしばらくして休戦となった（十一月十一日）。

一九一九年初頭から始まったパリ講和会議で国際連盟の設置が決まったが、ワシントン議会は米国の連盟参加を許さなかった。国家主権が制限されることを嫌ったのである。帰国後、法曹界に戻っていたスチムソンだったが、ベルサイユ条約体制を是認し、連盟に参加すべきだと主張し続けた。スチムソンは共和党員だったが、その信条はむしろリベラル国際主義（干渉主義）に立つ民主党に近いものだった。

一九二六年、チリとペルーの間で領海紛争が起きた。時の国務長官フランク・ケロッグ（カルビン・クーリッジ共和党政権）は、国際法に詳しいスチムソンに両国の仲介に当たらせた。翌二十七年夏、総督としてフィリピンに赴任していたウッドが同地で死去すると、クーリッジ大統領はスチムソンをその後任とした。

彼は、自治の促進と米国との通商関係の強化なくしてフィリピンの発展はないと考える一方で、フィリピン人に自治能力はないと判断した。そのこともあり、民族主義派の反発を招いた。フィリピン統治は困難なものだったが、マラカニアン宮殿を総督邸としたフィリピン生活そのものは快適だった。

社会ダーウィニズムに傾倒

一九二九年三月、クーリッジの後を襲ったハーバート・フーバー大統領はスチムソンを国務長官に登用した。総督在任は一年ほどの短い期間だったが、その間に二度、京都を訪れた。一八九三年、妻マベルとのハネムーンでも京都に旅している。京都に魅せられていたことは間違いない。(＊4) これが、彼が後に京都に原爆を投下させなかった大きな要因となった(この件については後述)。

この後の国務長官としての動きに触れる前に、スチムソンが、当時流行の社会ダーウィニズム(社会進化論)に傾倒していたことに触れておきたい。彼の外交判断にその思想が大きな影響を与えているからである。

社会ダーウィニズムは、一八五九年に出版されたダーウィンの『種の起源』を社会学に応用した考え方であった。簡単に言えば、「優秀な種が構成する社会は、時を経て複雑化し高度化する。当然の帰結として文明が発展する。文明を発展させる能力を持つ優生種が、未開の文明を啓蒙しなくてはならない。それが自然の摂理である」とする思想であった。だからこそ、西欧文明がアジアやアフリカの文明を飲み込む（支配する）ことは当然であると考える。そうすることが優生種である白人種（特にアーリア人種）の神から託された宿命（White Man' s Burden）だと信じた。

ジョン・フィスク（1842〜1901）

世界各地に植民地を拡大する西欧諸国の指導層には、まことに都合の良い社会科学思想だった。アメリカ西部開拓の正当化にも応用の利く考えであった。

スチムソンは、とりわけジョン・フィスクを信奉していた。（＊5）フィスクは米国の哲学者であり、また歴史家でもあった。「国際関係（外交）も、高い倫理観（道徳観）を持つ優秀な種が進めなくてはならない」とする彼の主張にスチムソンは頷《うなず》いた。

国際連盟とパリ不戦条約

国務長官として米外交をリードする立場となったスチムソンは、「国際連盟こそが、高度な倫理観を基礎にした優秀な種がつくり上げた戦争を回避するためのメカニズムである」と理解した。そうでありながら、米国は連盟のメンバーではない。彼はこのジレンマを解決しなくてはならなかった。

国際連盟は第一次世界大戦の惨禍の原因のすべてを、ドイツとその同盟国だけに押し付けたベルサイユ条約を絶対善として成立していた。同条約を基礎とした戦後世界の枠組みは、ベルサイユ体制と呼ばれる。

ベルサイユ条約は、懲罰的賠償のないことをウィルソン大統領がドイツに約束することで実現した。そうでありながら、連合国は支払い能力を大きく超えた賠償金をドイツに課し、領土を切り刻んだ。新しい国境の線引きでも、民族分布、文化の差異を考慮しなかった。

スチムソンはこの問題だらけのベルサイユ体制を、優れた民族がつくり上げた傑作だと考えた。ベルサイユ体制の不条理に反発しその是正を求める国は、理由はどうあれ、おしなべて悪であった。遵守《じゅんしゅ》する、あるいは遵守するふりをする国々は、みな善であった。善悪二元論に基づく外交こそがスチムソン外交の特徴だった。

国際連盟規約前文には、国家間紛争の解決に武力を用いないことが謳《うた》われている。

「締約国は戦争に訴えざるの義務を受諾し、各国間における公明正大なる関係を規律し、各国政府間の行為を律する現実の基準として国際法の原則を確立し、組織ある人民の相互の交渉において正義を保持し且つ厳に一切の条約上の義務を尊重し、以って国際協力を促進し、且つ各国間の平和安寧を完成せむがため、ここに国際聯盟規約を協定す」

ハーバート・フーバー大統領はスチムソンを国務長官に起用したと書いた（一九二九年三月）。この前年には、パリ不戦条約が締結（一九二八年）されていた。この条約は前任のフランク・ケロッグ国務長官（カルビン・クーリッジ政権）とアリスティード・ブリアン仏外相の主導で成立した。米英仏独伊日など主要十五カ国が署名した。第一条は次のように謳う。

「締約国は国際紛争解決のため、戦争に訴えることを非とし且つその相互関係において国家の政策の手段としての戦争を放棄することをその各自の人民の名において厳粛に宣言

す」（＊6）

連盟規約でも国際紛争解決に武力を用いないことが謳われている。それにもかかわらず、屋上屋《おくじょうおく》を重ねるように不戦条約が結ばれたのには訳があった。

米国は国際連盟に加盟していない。それでも、連盟の決定には関与し続けた。重要な会議ではオブザーバーとして意見を述べ、それが連盟の意思決定を左右した。しかし、形式上はあくまで部外者だった。国際紛争が起きた場合、連盟メンバーとして能動的に関与できない。米国の関与を望む勢力がパリ不戦条約を締結することで、「不戦条約の締結国として」米国の「積極的介入」を担保させたかったのである。

スチムソンにとって、連盟規約とパリ不戦条約は侵すべからざる聖典となった。彼が国務長官として外交の表舞台に登場した時には、彼の理想とする「高い倫理観を持つ優秀な種（第一次世界大戦戦勝国のアーリア系白人種）」による平和的国際秩序維持のメカニズムが出来上がっていたのである。

フーバーの実像

ハーバート・フーバーは、後に後継のフランクリン・ルーズベルト大統領（FDR）の過度に干渉的な外交を控えるべきだと主張した。そのためか、フーバーを「孤立主義者」と書く歴史書が目立つ。「孤立主義者」とは、「他国への思いやりを欠いた、自国だけ良ければ良しとする利己主義者」を意味するプロパガンダ用語である。

現実のフーバーは決して「孤立主義者」ではなかった。ジャスティス・ドエネッケ（外交史家）が次のように書いていることからもそれが知れる。

「フーバーが大統領職を離れて数年で、つまり一九三五年か三六年頃に亡くなっていたとすれば、彼が後に『孤立主義者』として記憶されることはありえなかった」（＊7）

フーバーは、一九二八年の大統領選挙でアル・スミス（民主党、ニューヨーク州知事）を破って当選した。彼が政治の世界に飛び込んだのは、一九一四年に勃発した第一次世界大戦がきっかけだった。

ロンドンで鉱山コンサルタントとして、あるいは鉱山経営者として成功し十分な財をなしていた彼は、戦いの勃発で大陸からロンドンに逃げてきた米国人同胞の帰国を支援した。それが一段落すると、ヨーロッパ諸国への食糧援助に携わった。ベルギーなどの大陸諸国では、英国の港湾封鎖が原因で多くの婦女子が餓死していた。座視できなかったフーバーは民間人の立場で資金を募り、食糧支援活動に尽力した。それが政界入りのきっかけとなった。

フーバーは二〇世紀初めころから鉱山の専門家としてヨーロッパ、アジア、南米各地を訪れ、豪州、中国には駐在経験もあった。歴代大統領の中でも彼ほど国際経験豊かな人物はないと言われるほどの国際通だった。（＊8）そのせいか、世界規模での和平維持に積極的に取り組んだ。一九二九年から始まったフーバー政権では、その実現を新国務長官スチムソンに委ねた。

フーバーはタイミングが悪い時期に登場した。この年は、一九一九年のベルサイユ条約成立から、一九三九年のナチスドイツによるポーランド侵攻（第二次世界大戦勃発）のちょうど中間点にあたる。今から振り返れば、不正義と矛盾に満ちたベルサイユ体制の歪《ゆが》みが頂点に達していた時期であった。その象徴が同年十月のニューヨーク株式市場の暴落であった。この恐慌の原因についての考察は本書ではできないが、これがベルサイユ体制崩壊の端緒となった。

今でこそ「一九二九年から始まった世界恐慌」と表現できる。しかし同時代人にとって、一九二九年十月から始まる不況があれほど長引くとは思えなかった。

ラムゼイ・マクドナルド英首相

資本主義社会にあっては、好不況のサイクルは不可避的にやってくる。これ以前にも深刻な不況があった。それでも資本主義システムは自然治癒能力を備えて回復した。当時の為政者が、二九年末の不況も時間とともに自然治癒すると考えても当然だった。

フーバーはしばらくすると経済問題に忙殺されるのだが、政権発足初年度(一九二九年)の喫緊の課題は、世界規模の軍縮実現だった。これは前クーリッジ政権が積み残した難題だった。

ワシントン海軍軍縮条約(一九二二年)では、補助艦、特に巡洋艦にかかわる制限がなかった。その結果、一万トン級八インチ砲搭載の巡洋艦や、潜水艦の分野で激しい建艦競争が起きていた。

一九二七年初め、これを問題視した国際連盟と米国がジュネーブに集まり、軍縮を協議した。ところが各国の主張の隔たり（＊9）がひどく、同年四月末に交渉が打ち切られた。

しかし一九三一年以降、ワシントン海軍軍縮条約の縛りが切れる（失効する）ことが分かっていただけに、各国には軍縮を実現したいとする思いは強かった。あらためて軍縮会議開催の音頭をとったのは、フーバーだった。

英国では、軍縮の思いを同じくするラムゼイ・マクドナルド首相（労働党）が一九二九年五月の総選挙で勝利した（自由党との連立内閣樹立）。マクドナルド首相は同年十月初めに訪米し、今後の軍縮協議の進め方をフーバーと協議した。二人は主要五カ国による軍縮会議をロンドンで開催すると決めた。十月七日には早くも招待状が仏伊日に送付された。（＊10）三国はその招きに応じた。

日本への「思いやり」

何としてでも会議を成功させたい二人の懸念は、予想される日本の要求（巡洋艦の対米英比率七〇%）に応じられるかであった。仏伊には参加を求めたものの、両国の地中海覇権をめぐる確執は根深いものがあった。両国の妥協が困難であることは当初から想定済であった。だからこそ日本の妥協は何としても引き出し、最低でも三国間の軍縮協定にまとめ上げたいと考えていた。この時期の両国の思惑をザラ・ステイナー（英国の歴史家）は次のように書いている。

「（ロンドンで）予想されるもっとも難しい案件は、日本の巡洋艦を含む補助艦（対英米比率）七〇%要求であった。（中略）日本の代表団はロンドンに向かう途次ワシントンを訪問した。スチムソン国務長官は、具体的なコミットメントは避けたものの、日本国民の心情を理解した対応をすると約束した。英米両国とも、（ロンドンで合意されるだろう）条約内容は東京（日本国内）でも受け入れられるものでなくてはならないことを理解していた」（＊11）

交渉実務を担当することになるスチムソンも、フーバー同様に、ロンドンでは何としても三大海軍国間の実効ある条約を締結したいと考えていた。その思いは、ピューリタン（長老派）の信者らしい断固としたものだった。

その象徴が米陸軍諜報部第八課（ＭＩ８）の廃止だった。同課はハーバート・ヤードリ率いる暗号解読のスペシャリスト集団だった。ＭＩ８は、ワシントン海軍軍縮会議（一九二一～二二年）において日本の暗号を解読し、日本が戦艦の対米英比率六〇％を許容できる下限としていることを見破った。米国首脳が、対米比率七〇％を強く求める日本を「安心して」拒み、六〇％に抑え込めた裏にはＭＩ８の活躍があった。

ＭＩ８の価値は知られていたが、スチムソンは国務長官に就任すると、この組織の「仕事の一切に反対し、経費の支出を打ち切」（＊12）った。「他国政府の外交電報は、侵すべからざるものである」（＊13）というのがその理由だった。

ＭＩ８は陸軍部局だったが、組織運営の多くを国務省予算でまかなっていた。同省の予算がつかなければ組織は解体される。「紳士は他人の手紙を盗み見ない」（Gentlemen do not read each other' s mail）というスチムソンの長老派らしい信条で、ＭＩ８は消えた。ロンドン会議では日本の暗号が（少なくとも米国によって）盗み読まれることはなくなった。それが、スチムソンの日本への隠れた「思いやり」であった。

＊1：スチムソンの経歴については『ヘンリー・スチムソン・ペーパー』(エール大学）によった。
https://www.roosevelt.nl/sites/zl-roosevelt/files/papers_of_henry_l_stimson.pdf

＊2：B&Cクラブについては拙著『日米衝突の根源』(草思社）第十四章「東部エリートたちの狩猟クラブ」に詳述。

＊3：スチムソン蓋棺録（『ニューヨークタイムズ』一九五〇年十月二十一日）
https://archive.nytimes.com/www.nytimes.com/learning/general/onthisday/bday/0921.html

＊4：Japan -Honeymoon in Kyoto 2014 March14
http://www.oeil-et-plume.net/2014/03/japan-honeymoon-kyoto-2/

＊5：John Bonnett, Jekyll and Hyde: Henry L. Stimson, Mentalite, and the Decision to Use the Atomic Bomb on Japan, War in History, April 1997, p178

＊6：戰爭抛棄に關する條約（パリ不戦条約、ケロッグ＝ブリアン条約）(データベース「世界と日本」〈代表：田中明彦〉)

＊7、　8：Justus D. Doenecke, The Anti-Interventionism of Herbert Hoover, The Journal of Libertarian Stidies, 1987 Summer, p312

＊9：主な争点は、例えば保有軍船を種別毎に上限を設けるか、合計トン数に上限を設けるだけで種

別配分は自由にするか（前者は英米日、後者はフランス主張）、あるいは、実施検査機関に強い権能を持たせるか弱いものにするか（前者はフランス、後者は英米主張）などである。

＊10、11：Zara Steiner, The Lights that Failed, Oxford University Press, 2005, p588

＊12、13：ハーバート・オー・ヤードリ『ブラック・チェンバ』（出版・翻訳／大阪毎日新聞社、一九三一年）、459頁

スチムソンにとっての「善」と「悪」

スチムソンは単純な善悪二元論で日本を見ていた。とりわけ満洲を見る彼の目は厳しくなっていった

ロンドン海軍軍縮条約

ロンドン海軍軍縮会議は一九三〇年一月二十一日に始まった。会談開始前に各国代表がそれぞれの意気込みを披露した。ラムゼイ・マクドナルド英首相が「会議の目的は、海軍軍縮とそれを実効有らしめるメカニズムの構築である」と述べると、それに続いてアンドレ・タルデュー首相（仏）、スチムソン国務長官（米）、ディーノ・グランディ外相（伊）、若槻禮次郎《わかつきれいじろう》元首相（日本）が順に意気込みを語った。（＊1）スチムソンと若槻の発言は次のようなものだった。

「各国代表がここに参集できたことを喜んでおります。参加各国の善隣友好の精神がここに溢れているのです」（スチムソン）
「久しく待たれたるロンドン会議がいよいよ明日より開催されることになりましたのは、世界人類幸福のためにまことに慶賀に堪《た》えません（後略）」（若槻）

ロンドン会議はおよそ三カ月後の四月二十二日に調印がなった。三カ月もの長い交渉となったのは、その内容が極めてテクニカルだったからである。二十六条からなる条約は、各国艦船のトン数や具体的な装備にまで踏み込んだ極めて詳細な内容だった。第十六条は懸案であった補助艦（巡洋艦、駆逐艦、潜水艦）の保有上限を国別に規定していた。（＊2）

巡洋艦
甲種（口径六・一インチ以上の砲を有するもの）
米国　十八万トン
英国　同右
日本　十・八四万トン（対米比六〇・二％）

巡洋艦

甲種（口径六・一インチ以下の砲を有するもの）
米国　十四・三五万トン
英国　十九・二三万トン
日本　十・〇四五万トン（対米比七〇％）

駆逐艦および潜水艦の規定では、前者で対米英七〇％、後者では一〇〇％であった。これらの数字を合計すると、対米国についてみれば以下のような数字になった。

日本　三十六万七千五十トン
米国　五十二万六千二百トン
対米比　六九・七五％

スチムソン（フーバー大統領）もマクドナルドも、ロンドン会議を成功させたかった。日本帝国海軍が要求する対米比七〇％が実現できたのは、米英首脳が会議を成功させると決めていた証であった。

三カ月もの長い議論の末に妥結した条約だったが、予想されたように各国の軍強硬派が反発した。各国首脳はそれを抑え込んで議会の批准を実現させた。日本の批准（一九三〇年十月一日枢密院可決）がなると、批准書は直ちにロンドンに送付された。米英両国はすでに批准を終えていた。同地での批准のセレモニーは同月二十七日に行われた。三国首脳はこの喜びを共有し、ラジオを通じて全世界に発信した。

「日英米三国首脳は夫々《それぞれ》本国から軍縮祝賀の大放送を試み、平和のメッセージを遍《あまね》く世界に送った。即ち日本時間二七日午後一一時五〇分（グリニッジでは午後二時五〇分）浜口首相先《ま》ず第一声を切り、次で米国大統領フーヴァー氏、英国首相マクドナルド氏の順でマイクロフォンの前に立ち、最後に松平（恒雄）駐英大使の英語演説（内容は浜口雄幸《おさち》首相のそれに同じ）にて翌二八日午前零時二九分終了した」（＊3）

具体的な言葉は次のようなものだった。

大阪朝日新聞

昭和五年四月二十三日（水曜日）

軍縮條約調印終り

世界平和の礎石成る

不戰條約の延長であり、完成であるとの趣旨からイギリスによつて招集せられたロンドン會議における世界五大海軍國代表三ケ月の努力は、こゝに一九三〇年ロンドン海軍條約として實を結び、條約文案起草も滯りなく進んで、つひに別項ロンドン特電に伝ふる如く二十二日目出たく調印式を終り、こゝに世界平和保障の新たなる礎石は置かれたわけで、同時に關係國民の軍事負擔は著るしく輕減される機運となつた

嚴肅なる調印式

日本は國產蒔繪のペン軸で——各國全權それ〴〵署名

ロンドン海軍條約全文

各國の立場から 全權の演説

何れも條約成立を喜ぶ

『人類史上に不滅の記念塔』

期限後の不拘束を強調す 若槻全權の演説

國際親善のため 偉大なる貢獻

國民の後援に敬意を表す 濱口首相語る

平和精神の勝利

各國全權の努力に感謝 ——幣原外相語る

ロンドン海軍軍縮条約の調印を報じる大阪朝日新聞（1930年４月23日付）

「ロンドン海軍条約は人類の文明に一新紀元を画し、（中略）各国互いに相信頼して共存共栄を図る所の『安定時代』に到達している」（＊4）（浜口）

「今回の条約は充分なる国防の保障を与ふるものとして日英米三国により承認され、（中略）、斯《か》かる厳粛にして妥当なる協定の締結を見ましたことに付、日英米三国民に対し茲《ここ》に祝意を表する」（＊5）（フーバー）

「私は米国、日本および全英聯盟の各政府間に於いては、歴史上未だ曽《かつ》て本条約調印後の今日の如く緊密なる友好関係を見たことがないと断言するに憚《はばか》らぬものであります」（＊6）（マクドナルド）

三首脳はロンドン海軍軍縮条約の成立を心から喜んだ。翌一九三一年一月一日、同条約は期限を五年として発効した。スチムソンにとってこの時点の日本人は、十分に文明をリードする〝優生種〟であった。しかし、たちまちそれを疑わせる事件が起きた。

浜口首相襲撃事件の衝撃

浜口首相（立憲民政党）は、国内の海軍強硬派（艦隊派）を利用して政権奪取を目論《もくろ》む野党（政友会）の犬養毅《いぬかいつよし》、鳩山一郎らの条約批准反対の声を抑え込んだ。枢密院の批准を実現させたものの、艦隊派軍人や犬養らは諦《あきら》めなかった。対米戦力七割を満たした条約であるにもかかわらず、唐突に「統帥権干犯《とうすいけんかんぱん》」というよくわからないロジックを持ち出し、浜口に難癖をつけた。

「軍備は帝国憲法に規定されている『統帥権』（大日本国憲法第十一、十二条）にかかわる問題であり、これは天皇の専権事項であるから、一内閣が勝手に軍縮条約に調印することは天皇の統帥権を干犯することである」（＊7）という〝こじつけ〟が「統帥権干犯」事案だった。

この主張に心を動かされた右翼団体「愛国社」党員の佐郷屋留雄《さごうやとめお》は、陸軍演習視察（岡山県）に向かうため東京駅にいた浜口を銃撃した（十一月十四日）。浜口はこの九カ月後に亡くなった。暫定的に首相代行の任に就いた幣原喜重郎《しではらきじゅうろう》は、浜口の意思を継いだ外交を展開することになる。

浜口首相襲撃事件は英米首脳、特にスチムソンを心配させた。米国海軍のなかにあった日本嫌いのグループは早くも、近未来に太平洋を舞台にした日本との戦いがあるだろうと囁《ささや》き合うほどであった。(＊8)それでも「ワシントンもロンドンも、日本が条約を遵守《じゅんしゅ》するであろうことを疑わなかった。対中政策についても、幣原が西欧諸国同様に国民党とうまくやってくれるだろうと信じた」(＊9)のだった。

スチムソンはロンドン海軍軍縮条約後の日本を観察しながら、日本にある「善」と「悪」の二つの鬩《せめ》ぎ合いを明確に意識した。浜口や幣原に代表される政治家は文明をリードする「善」を代表し、軍強硬派は野蛮な「悪」であった。スチムソンは善悪二元論を使った単純な図式で日本を理解し、「善」が「悪」を駆逐することを願った。

銃弾を受けた浜口首相は、それでも首相の座を降りることなく、入院中の政務は幣原外相に任せ、三一年一月に退院した。そんななか、鳩山一郎(政友会)はその浜口に容赦《ようしゃ》なく登壇を求めた。浜口は再び容態を悪化させ、四月に退陣を決めた。後継には若槻が就《つ》き、第二次若槻内閣が発足した(四月十四日)。浜口は八月二十六日に亡くなった。スチムソンは日本国内の反軍縮派の動きが気になっていた。しかし、若槻が首相に就いたことに安堵《あんど》した。

三一年九月十七日、出淵勝次《でぶちかつじ》駐米大使は、三年毎に与えられる賜暇《しか》帰国を前にしてスチムソンを表敬訪問した。スチムソンはこの時の模様を次のように書いている。

「われわれは、日米両国の関係につき懇談したが、幸い両国関係の極めて円満である点につきわれわれ二人の意見は一致した」（＊10）

「氏の令息たちは、二人ともプリンストン大学に在学中であり、氏は二人の令息について『御覧の通り息子たちは、貴国における親善のために人質におあげしたやうなものですよ』とまで言われた。余は暫《しば》しの別れとはいえ、大使の帰国を惜しんだのだった」（＊11）

スチムソンは、ロンドン海軍軍縮会議の成功は日本が妥協に応じた賜物であり、軍強硬派を抑え切った浜口や幣原の努力があったと理解していた。話の分かる、つまり「進んだ文明を持つ民族」として、当時の日本を評価していたのである。日本の現政権を代表して彼を訪問した出淵大使は、日本の「善」の象徴であった。

満洲に現れた「悪」の勢力

九月十八日、満洲事変の発端となる柳条湖《りゅうじょうこ》事件（南満洲鉄道爆破事件）が起こる。満洲における日中武力衝突の報がスチムソンのもとに届いたのは、出淵大使との暫《しば》しの別れを惜しんでから、わずか二日後（九月十九日）のことであった。スチムソンは直ちに出淵大使に帰国を中止し、ワシントンに留まるよう求めた。

満洲での「異変」は、米国首脳が世界経済の安定化に尽力している最中に起こった。三一年春には、オーストリア国立銀行であるクレジット・アンシュタルトが破産した。それがドイツに伝播《でんぱ》し、同国経済をも不安定化させたため、ドイツの賠償金（ベルサイユ条約で負った債務）支払いを困難にした。二九年秋、ニューヨーク株式市場の暴落がヨーロッパ市場におよび、世界恐慌の様相を見せ始めていた。六月二十日、フーバー大統領は混乱を収める一案として、ドイツの賠償金支払いを一年間猶予すべきだとヨーロッパ各国に提案した（フーバーモラトリアム声明）。

満洲での「異変」の知らせは、世界不況の回避に苦悩するフーバー政権にとって不愉快なものだった。スチムソンには、日本の邪悪な勢力がいよいよ跋扈《ばっこ》を始めたと思えた。日本の「悪」の勢力は、浜口や幣原が抑え込んでいたはずだった。しかし、その勢力は形を変えて満洲に現れた。スチムソンの心に激しい怒りの感情が湧いた。日本の関東軍は柳条湖事件を発端にして、翌日には奉天を占領した。スチムソンの日本批判がたちまち始まった。

日本はポーツマス条約により、南満洲鉄道の経営権を得ていた(一九〇五年)。清国との間でも、これを追認する満洲善後条約が成立し(同年十二月二十二日)、鉄道沿線を警備する日本軍常駐、沿線付属地の開発などが認められた。これが日本の南満洲鉄道経営の法的根拠となっていた。

南満洲鉄道については当初、米国鉄道資本との共同開発が決まっていた(一九〇五年十月、桂・ハリマン協定)。しかし、小村寿太郎《じゅたろう》外相がこれに反対したため、日本資本だけでの開発となった。その後の経営は順調だったが、さらなる経営拡大には外国資本の導入が是が非でも必要だった。重化学工業を同地で発展させるためには、撫順《ぶじゅん》の炭坑拡張や化学肥料工場の建設が不可避だった。

日本は、米国モルガン商会に借款を求めた。同商会幹部トーマス・ラモントは満洲を視察した。彼は満洲投資を積極的に進めると決め、国務省に意見書を提出し、同省の理解と承認を求めた。

「私は満洲から戻ったばかりだが、中国で安定している地域はここだけであった。（中略）日本による開発は、日本からやってくる少ない数の植民者のためというよりも、中国そのものの利益にかなっている。いま中国のほとんどは混乱状態いや戦乱状態にあるといってよい。その結果安定した満洲南部には多くの中国人が押し寄せている」（＊12）

ラモントの報告書は、極東に赴任する外交官の観察と合致していた。

「中国の民のためという『純粋な』観点からしても、アメリカ資本は日本の満州開発に直接的に関わるべきである。（中略）ロシアの共産化工作を何とかしなければ、情勢は悪化の一途をたどる。われわれは倫理的にも日本の満州政策に反対はできない。日本にとっての満州は、わが国にとってのカリブ海と同様の意味を持つからである」（米駐北京大使館メイヤー顧問からケロッグ長官宛て〈一九二七年十一月二十二日付〉）（＊13）

「(わが国が借款要請を断れば)日本政府は、わが国が日本の満洲政策に疑念を抱いていることの証として理解するでしょう。日本は他国からではなくわが国からの借款を強く求めています。満洲の投資についてわが国の理解を得て、開発を進めることは結果的にすべての中国の民の幸福になると考えています」(チャールズ・マックヴェーグ駐日大使からケロッグ長官宛て〈一九二七年十一月二十一日付〉)(＊14)

ある若手外交官の暗躍

極東外交専門家だけでなく、メディアも日本の満洲経営(南満洲鉄道)を評価していた。(＊15)そうでありながら米国務省幹部、特にケロッグ長官は、日本の満洲経営を評価している極東赴任の外交官やメディアの意見を聞かなかった。蔣介石《しょうかいせき》は、米国が南満洲鉄道のファイナンスに関わることに強く反対していた。「革命で混乱しているとはいえ、中国のアメリカへの影響力(同情を惹《ひ》く力)は強烈であった」(＊16)のである。

ラモントは、長官の反対を前にして融資を諦めた。国務省本省は「中国には近代法治国家が存在する」と理解する一方で、現地外交官は中国が無法地帯であることを知っていた。

スチムソンは、前任のケロッグ長官の無理解をそのまま引き継いでいた。

国務省本省が、「中国には法治が存在する」と考えたのは、米国に学んだ中国の若手外交官の影響（暗躍）があったからである。その筆頭が顧維鈞《こいきん》（一八八八年生）だった。米コロンビア大学で国際法を学び、第一次大戦後のパリ講和会議では日本の対華二十一カ条要求を激しく非難した外交官だった。西洋諸国の外交官にはウェリントン・クー（Wellington Koo）の名で知られていた。

満洲事変が勃発すると、中国国民党政府は国際連盟規約第十一条（＊17）に基づき、聯盟理事会に提訴した（九月二十一日）。顧維鈞の指導であった。さらに米国に対して不戦条約（ケロッグ・ブリアン条約）に基づいて行動を起こすよう求めた。（＊18）

十月二十四日、連盟理事会（議長：ブリアン仏外相）は日本に対して、日本がこれまでの条約によって常駐していた南満洲鉄道沿線部に撤兵することを勧告した。期限は十一月十六日までとした。しかし、現実の満洲はそれを可能にする状況になかった。十二月九、十日、聯盟理事会は先の議決の実行をあらためて日本に迫った。同時に調査委員会（リットン調査団）の設置を決めた。

＊1：この模様はユーチューブで確認することができる。
https://www.youtube.com/watch?v=jADiMwK4-oA&t=52s
＊2：松原一雄『国際関係通鑑1930年至1931年』（国際聯盟協会）39頁
＊3：同右、11頁
＊4：同右、13頁
＊5：同右、14頁
＊6：同右、16頁
＊7：渡部昇一『日本内閣史』（徳間書店）254〜5頁
＊8、9：Zara Steiner, The Lights that Failed, p719
＊10：ヘンリー・スチムソン『極東の危機』（中央公論別冊）7頁
＊11：同右、8頁
＊12：チャールズ・カラン・タンシル『裏口からの参戦（上）』（草思社、筆者訳）719頁
＊13：同右、150頁
＊14：同右、151頁
＊15、16：同右、152頁

＊17：第十一条〔戦争の脅威〕一項　戦争又は戦争の脅威は、聯盟国の何れかに直接の影響あると、否とを問はず、総て聯盟全体の利害関係事項たることを茲《ここ》に声明す。仍《よっ》て聯盟は、国際の平和を擁護する為適当且有効と認むる措置を執るべきものとす。此の種の事変発生したるときは、事務総長は、何れかの聯盟国の請求に基き直に聯盟理事会の会議を招集すべし。二項　略

＊18：Zara Steiner, The Lights that Failed, p720

スチムソンに操られた国際連盟脱退

スチムソンは日本の満洲権益を認めなかった。日本の立場を考慮した外交に転換することはなかった

フーバーとルートの諫めと懸念

スチムソンが持つ日本の「悪」の勢力への憤《いきどお》りは強かった。彼の激しい、行き過ぎた対日批判を諫《いさ》めたのはフーバー大統領だった。スチムソンは閣議の中で「戦争一歩手前の手段まで日本に圧力をかける」と主張したが、フーバーは「そのような態度は戦争を引き起こす」と自制させた。

フーバーの「指導」にスチムソンは従ったものの、国際連盟が対日経済制裁を決めればそれに反対しないこと、米国内世論を（意識的に）反日に傾けること、また仮に日本が「軍事的脅迫」により中国と何らかの協定を結んでもそれを承認しないことを決め、連盟に伝

えた。(＊1)

日本の「悪」の勢力排除を願うスチムソンは、幣原外相の手腕に期待した。しかしスチムソンの態度が、日本の強硬派をますます米国嫌いにさせていた。若槻礼次郎内閣は十二月十三日に崩壊した。わずか一年前、日本の全権としてロンドン海軍軍縮条約の締結に労苦をともにした若槻の退陣を、スチムソンは憂えた。日本にあった「善」の心が消滅したように感じられたのである。

年が明けた一九三二年一月二日、関東軍は反日勢力(張学良)の拠点・錦州を占領した。一向に収束しない満洲の状況をみて、スチムソンはますます日本批判を強めた。そうした彼の態度に危うさを感じたのは、かつての上司エリフ・ルート(元国務長官)だった。彼は国務長官時代に高平・ルート協定(一九〇八年)を結んでいた。満洲における日本の特殊権益の存在を確認する協定だった。ルートは満洲の複雑な事情を理解するリアリストだった。彼はスチムソンに長文の手紙を書き、日本が持つ満洲の特殊権益を米国が認めてきた経緯を説明し、日本の条約上の権益を脅《おびや》かしている中国とソ連の動きにも注意するよう諭《さと》した。(＊2)

ルートはスチムソンが平和主義者であることを知っていた。しかし一方で、「和平実現のためには戦いも厭《いと》わないというタイプ」（＊3）であることも理解していた。だからこそ、スチムソンの外交に危うさを感じたのだった。

日本に同情する英仏蘭

ルートの警告は功を奏さなかった。一九三二年一月七日、スチムソンは日中両国に同じ内容の文書を送付した。「米国政府は米国および米国民の中国における条約上の権利を侵害するいかなる日中間の協定も承認しない」（不承認政策）という内容だった。（＊4）日本は中国が条約上、日本に与えられた権利を守っていないと主張していた。スチムソンは日本の主張を顧みない一方で自国民についてのみ、条約上の権限保護を求めた。彼は不承認政策の自己矛盾に気づいていなかった。

スチムソンの単純な思考（愚かさ）を英国は理解していた。同調を求めるスチムソンに対し、英国政府は「米国政府の主張のような公式文書を日本政府に突き付ける必要はないと考える」（＊5）と回答した。英国（サイモン外相）は日本が満洲の安定化ファクターになると見ていた。英国はスチムソンの機嫌を損ねないような表現で、米国の方針には追随《ついずい》できないと伝えた。ロンドンタイムズは「英国政府が中国を擁護する必要はない。中国のしっかりとした内治は観念上にしか存在しないからである」（＊6）と主張し、政府を援護した。スチムソンに届けられた日本外務省からの返書（一九三二年一月十六日）は、ロンドンタイムズの主張と同じだった。

スチムソンはルートの忠告や英国政府の消極的姿勢を見て、自身の教条的平和主義や中国への無理解に気づくほど賢明ではなかった。彼はサイモン外相に不承認政策への同調を繰り返し求めた。海底ケーブルを使った電話攻勢であった。（＊7）

スチムソンの対日外交に懸念を示したのは英国だけではなかった。米国内のメディアは満洲の地政学的重要性を理解し、日本の満洲の動きを同情的に報じていた。その典型がサンフランシスコ・イグザミナー紙（一九三二年一月十日付）であった。

「アジアの宝島をめぐる争いごと（満州をめぐる覇権獲得紛争）に我が国も国務省も苛《いら》つく必要はない。日本が満州に対してやろうとしていることは、わが国がかつてテキサスをメキシコから奪ったことと同じなのである」（＊8）

英国同様に仏蘭両国も日本に同情的であった。オランダは中国国民党政府よりも日本こそが極東安定の要《かなめ》と見ており、蘭印（現インドネシア）への日本の投資も期待するほどだった。フランスは上海に権益があったが、彼らの関心は仏印（インドシナ半島東部）にあった。同地では一九三〇年、共産主義者に指導された暴動があったばかりだった。フランスは満洲の混乱も共産主義者が関与していることを知っていた。しかしフランスはそうした見方を米国に明示的に仄《ほの》めかすことを躊躇《ためら》った。第一次世界大戦時の対米借款を抱えているだけに、スチムソンを刺激したくなかったのである。（＊9）

スチムソンに与《くみ》した小国

満洲の紛争は他所にも飛び火した。国民党軍（十九路軍〈蔡廷鍇《さいていかい》将軍〉）が上海に迫ったのである。上海には日本だけでなく、英米仏伊などの国際租界地があった。邦人や国際租界地に住む西洋人の安全確保のため、日本は海軍（陸戦隊）を派遣し、十九路軍と衝突した（第一次上海事変〈一九三二年一月二十八日〉）。

満洲事変をめぐる連盟の協議は、連盟「理事会」で行われていた。しかし連盟は上海事変を受け、「総会」を開くことを決めた。これこそ上海事変を起こした中国の狙いだった。これまで総会が開かれたのは一度だけであった（ドイツの連盟加入の是非の議論、独加盟は一九二六年）。

中国は、総会に出席する小国は、中国に利権を持ち同地の安定を望む理事国とは違い中国に一方的に同情的であることを知っていた。小国は第一次世界大戦後、ベルサイユ条約に基づいて新しく生まれた国を含んでいた。彼らは理由の如何《いかん》を問わず、現状維持を望んだ。満洲事変は彼らのそうした心情を刺激した。

三月四日、連盟総会は上海での武力行使の停止と日本軍の撤退を求めると同時に、日中両国の直接交渉を促す勧告決議を採択した。

総会は上海問題に続いて、満洲の案件も協議した。中国の真の狙いはそこにあった。総会では「英国の日本への態度は甘い」とする批難が相次いだ。音頭を取ったのはチェコスロバキアのエドヴァルド・ベネシュ外相だった。（＊10）英国のサイモン外相は日本の立場を理解していたが、小国の「騒音」とスチムソンの圧力に屈することになった。

三月十一日、総会は満洲での日本の行動は武力行使を禁じる連盟規約違反であり、パリ不戦条約にも違背《いはい》すると決議し、スチムソンの不承認政策を公式に承認した。

極東ではすでに満洲国の建国が宣言（三月一日）されていた。

上海の衝突は日中の直接交渉で停戦がなった（五月五日）。十九路軍は国際租界から二十キロ圏内に入ることを禁じられた。つまり以前の状態に回復させることで合意したのである。連盟の圧力のなかで日本批難決議に同意せざるを得なかった英国だったが、そのことで日本を怒らせたくなかった。（＊11）サイモン外相は英国利権のある上海租界地を守れるのは日本だけであることを理解していただけに、停戦がなったことに安堵《あんど》した。

リットン調査団の無理解

スチムソンも上海事変の収束を評価した。しかしこの事件で日本への警戒感は増していた。彼の心に「日本とはいつか戦うことになる」という意識が明確に宿った。この感情は米海軍内の対日強硬派と同期《シンクロ》した。彼らは米海軍の増強、つまりロンドン海軍軍縮条約で認められた上限まで艦船を一気に建造すべきだと訴えた。当時、米海軍は戦艦の数こそ日本を上回っていたが、空母も巡洋艦も日本に比べ少なかったのである。これに待ったをかけたのはフーバー大統領だった。（＊12）

上海での紛争は一応の解決をみた。しかし満洲問題については、後戻り（原状回復）できない情勢になっていた。満洲の事情を精査する調査団の設置は連盟決議で決まっていた。団長をビクター・リットン卿（英元インド総督）とする英仏独伊米五カ国代表からなる調査団（リットン調査団）が組織された。日中両国からは参与が派遣された（日本：吉田伊三郎《いさぶろう》、中国：顧維鈞《こいきん》）。調査団が東京に現れたのは一九三二年二月二十九日のことだった。

東京から満洲、華北に向かい現地調査を重ねた調査団は七月四日、再び東京に戻った。その間に犬養内閣は倒れ、斎藤実《まこと》内閣に代わっていた（五月二十六日）。新たに外相に就任した内田康哉《こうさい》は、満洲の複雑な事情を理解したはずの調査団と会談した。内田は南満洲鉄道総裁（任期：一九三一年六月十三日～三二年七月六日）を務めただけに、満洲事情に通じていた。

彼はリットン団長に対し、九カ国条約（＊13）締結国および連盟メンバー国の意向にかかわらず、日本は満洲国を承認すると言い切った。（＊14）八月二十五日、日本の国会は内田の言葉通り満洲国を承認した。

リットン調査団の公式報告書がジュネーブで発表されたのは、十月一日のことである。日本国内でも関心が高かっただけに外務省は直ちに翻訳にかかり、十月十日には早くも邦訳版が出版された。（＊15）同報告書のトーンは言うまでもなく、不承認政策を反映するものだった。それでもわずかではあるが、満洲における共産主義勢力の浸透と国民党による満洲不安定化・反日工作にも触れていた。

「（ソビエトの）北満国境を越え来る危険の可能性は再び日本の関心事となれり。北部における共産主義者の教義と南部における国民党の排日宣伝との提携の有りうべきことを想像し、日本はますます日露両国の間に共産主義および排日宣伝に染まざる満洲を介在せしめんとする希望を感ずるに至れり。日本の疑懼《ぎく》はソ連邦が外蒙古において獲得せる優越なる勢力及び支那における共産主義の発達により最近数年間において増大したり」（＊16）

満洲の著しい経済発展についても触れていた。そこには日本の寄与があったことも理解した書き方であった。そうでありながら、報告書の結論は「（中国の主権を前提として）満洲国は幅広い自治権を持つべきであり、内政に中国が深く関与すべきである」というものだった。満洲に日本が持つ条約上の権利を認めてはいるが、日中両国であらたな協定を結べとも勧告していた。「満洲が中国プロパーの土地であるから、内政にも関与させせよ」とす

る報告書は斎藤内閣だけでなく、日本国民にも受け入れがたいものであった。（＊17）

「松岡を跪《ひざまず》かせることなど簡単だ」

アンリ・クローデル将軍（仏代表）は日本の立場に理解があったが、リットン団長は中国に同情的であった。代表のなかで最も日本に冷ややかだったのは、フランク・マッコイ陸軍将軍（米代表）だった。ジョセフ・グルー米駐日大使に「日本の満洲での行動を正当化する二つの主張（自衛のため、民族自決のため）は偽りだ」と頭から断罪した。マッコイはスチムソンの人選だった。マッコイの「決めつけ」を危うんだグルーは「米国が日本の立場に全く理解を示さなければ軍国主義勢力を刺激し、むしろ彼らの力を伸ばすことになる」と本省に意見した。（＊18）

しかしスチムソンには馬耳東風《ばじとうふう》であった。八月八日、彼はニューヨークの外交問題評議会（ＣＦＲ）で激しく日本を批難した。ＣＦＲは米国の外交政策に影響力を持ち、エール大学の秘密親睦組織スカルアンドボーンズのメンバーも少なくない。グルーは「米国がいかに反発しようと日本の対満洲政策は変わらない、従って日本の立場も考慮した外交に切り替えるべきだ」と改めて建言したが、スチムソンの態度は変わらなかった。グルーは「日本の反発の対象がただ一人の人物に向けられている。言うまでもなく、その人物はヘンリー・スチムソンである」と憂えた。（＊19）

報告書を受け、日本の代表団は連盟本部（ジュネーブ）に向かった。松岡洋右《ようすけ》代表は同地の米国外交官ヒュー・ウィルソン（駐ジュネーブ公使）、ノーマン・デイヴィス（後のＣＦＲ会長）に対して、米国外交の結果、日本の親米派が急速に力を失っているとの懸念を伝えた。スチムソンは「松岡を跪《ひざまず》かせることなど簡単だ」とウィルソンに語っていただけに、二人は松岡の苦しい立場や日本世論（メディア）に配慮した発言はできなかった。「日本には無理やりにでも苦い薬を飲ませる」（＊20）とするスチムソンの考えが、現地外交官の自由を奪っていた。

日米「行き止まりの道」へ

スチムソンのやり方は明らかに異常だった。レイモンド・ビュエル（ハーバード大学教授、外交政策協会会長）は「日本が必要とする満洲の資源を獲得するのを阻止しようとするなら、

日本製品への関税を低くするといった何らかの配慮を見せるべきだ」と意見した。（＊21）

年が明けた一九三三年一月五日、スチムソンは出淵勝次《でぶちかつじ》駐米大使と会い「日本は国際連盟から脱退すべきだ」と脅《おど》した。ジュネーブの連盟総会はスチムソンの振り付けどおり、「日本はリットン報告書の勧告に従うべきだ」と決議した（二月二十四日）。メンバー国でない米国の主張に、チェコスロバキアなどの小国が追随した。

これに憤《いきどお》った松岡は「日本政府は国際連盟と協力してやってきたが、それも限界に達した」（英語でのスピーチ）と述べ、連盟総会の会場を去った。日本の立場を考慮しない決議であれば脱退やむなしとする本国の指示に従ったのである。日本を孤立させる「〝悪の国〟日本を懲《こ》らしめよ」というスチムソンの願いが成就した瞬間であった。

ウィルソン公使もオブザーバーとして総会に出席していた。憤然として議場を去る松岡の後姿を見て、次のように書き残している。


「総会の最後の場面は私の脳裏に焼きついている。松岡の演説は情熱的なものだった。普段の彼のビジネスライクな話し方とはまったく違っていた。彼は日本のような大国を晒《さら》し者にし嘲笑するかのような態度をとることがどれほど危険なことか訴えた。

日本はこれまで西洋列強の友国として行動していたが、国際連盟の決定でこれからは東洋だけでやっていくという態度をとらざるをえなくなった。今回の事態で、国際連盟とわが国のとる方針が本当に賢明なものかどうか、私自身も初めて不安になっている。それでも（わが国のような）強国が、誇りある国民を（国際連盟総会のような）公の場で激しく罵《ののし》ることは、その国民に消しがたい恨みと反発を起こすだろう。

私は（国際連盟の）このような態度が賢いものだとは思えない。（日本をこのように扱うことで）秩序も国際的信頼関係もどうでもよいという連中を作りあげてしまうのではないか。（アメリカと国際連盟による）不承認政策は本当に正しいものなのか、初めてはっきりとした疑念が湧いた。考えれば考えるほどこの政策は（互いを）行き止まりの道に追いやってしまうのではないか」（＊22）

＊1：チャールズ・カラン・タンシル『裏口からの参戦（上）』（草思社、筆者訳）170頁
＊2、3：同右、171頁
＊4、5、6：同右、172頁
＊7：同右、173頁

＊8：同右、１８４頁
＊9：Zara Steiner, The Lights that Failed, p723
＊10：同右、７３６頁
＊11：同右、７３７頁
＊12：同右、７３８頁
＊13：一九二二年、ワシントン会議に出席した九カ国（英・米・蘭・伊・仏・ベルギー・ポルトガル・日本・中華民国）により締結された。中国の関税自主権を拡大し、日本の中国進出を抑制するとともに中国権益の保護を図った。
＊14：前掲,The Lights that Failed, p739
＊15：『リットン報告書』（国際聯盟協会）
＊16：同右、73～74頁
＊17：前掲,The Lights that Failed, p741
＊18：前掲『裏口からの参戦（上）』１９２頁
＊19：同右、１９２～１９３頁
＊20：同右、１９５頁

＊21：同右、195～196頁
＊22：同右、200～201頁

スチムソンの残した「爆弾」

「悪の国」と決めつけられた日本への包囲網がアメリカをはじめ中国、ソビエトなどによって日々強化されていく

日本嫌いを煽《あお》る宣教師たち

スチムソンドクトリンは、「火が点けられた長い導火線のついた爆弾」（＊1）であった。導火線の火を日本は何とか消さなくてはならなかった。しかし、それは叶わなかった。極東では国民党政府もソビエトも日本との宥和姿勢を一時は見せたものの、満洲を諦めていなかった。二つの勢力にとって、満洲国をけっして承認しようとしないスチムソンドクトリンは好都合だった。

ソビエトは、一九三三年にはフランクリン・ルーズベルト（ＦＤＲ）政権から承認されたことをきっかけに、順調な経済発展を見せていた。翌三四年には、国際連盟への加盟も

米国の対外輸出額（単位：千ドル）(＊2)

	対中国	対日本	対ソビエト	南米諸国
1928	137,661	288,158		
1930	89,600	164,700		
1932	56,200	134,500		
1934	68,667	210,000	15,011	
1936	46,819	204,348	33,427	204,222
1937	49,697	288,378	42,903	318,384

認められた。国家として米国が承認するかしないかは新興国にとっては死活問題だった。だからこそスターリンは米国の承認を得るためにあらゆる手を打ち、初代駐ソ大使（ウィリアム・ブリット）がモスクワに現れた時には盛大なパーティーを催したのである。

この二つの勢力に、もう一つのグループが加勢していた。米国からやってきた宣教師たちであった。

満洲は、米国から承認されはしなかったが、次第に安定した。その結果もあって日本は米国の重要な貿易パートナーとなった。上表に示した数字でそれがわかる。「日本は最良の買い手でありまた売り手だった。アメリカンビジネスは日本との商売に満足していた。日本の会社は責任を素早く果たし品質も基準を満たすものだった」。（＊3）一九三七年には米国の対日輸出は対中輸出のおよそ六倍にもなっていた。従って米国実業界は、不承認政策の修正を願った。それを妨害したのが中国に渡った宣教師グループだった。

一九三七年頃の中国には、およそ五十の宣教師団体が活動していた。プロテスタント系だけでも二千五百人が中国各地に散り布教活動に忙しかった。四億五千万の人口は、宗教組織にとって魅力ある「巨大な潜在マーケット」だった。彼らの活動を本国の本部が支援した。宣教師たちは、日本嫌いの中国人の心情に気付くと、日本を批判する立場に立った。ロックフェラー財団、YMCA、YWCAなどの組織から提供された豊富な資金をもとに、日本の「非道」を訴えるプロパガンダ文書を米国内でも大量に発行した。中国からの現地報道だとして日本の「悪行」を米国内で拡散した。米国民の日本嫌いを煽《あお》るためであった。（＊4）組織拡大のためには、日本批判が役立つことを彼らは知っていたのである。

一九三八年に設立された「日本の侵略に加担しない委員会（American Committee for Non-Participation in Japanese Aggression）」も名前の通り日本を嫌う組織だった。スチムソンは組織設立と同時に名誉会長に就任した。（＊5）この組織は米国内のキリスト教組織の活動を喜んでいた。（＊6）

スチムソン会長にとって「幸い」なことに、この頃、中国の安定が壊れる事件が連続していた。一九三七年七月七日夜、北京郊外のマルコ・ポーロ橋（盧溝橋《ろこうきょう》）で、日中が衝突した。戦いは拡大の一途を辿《たど》り、同年十二月には日本軍は南京を占領した。スチムソンの予言した（願った）通りの状況が中国に現れていた。

盧溝橋事件の真因

一九三七年六月四日、近衛《このえ》文麿《ふみまろ》内閣（第一次近衛内閣）が発足した。外務大臣に就任した広田弘毅《こうき》は、前内閣（林銑十郎《せんじゅうろう》首相）の対中宥和姿勢の継続を表明していた。六月七日、広田はグルー米大使と会談しその強い意志を伝えた。グルーはハル国務長官に、「中国はいま幸運な（有利な）立場にいる。日本は軍事力を行使するつもりはない。その一方で中国から経済開発に関わる譲歩を引き出したいと考えている」（＊7）と報告した。

グルーの報告書は、中国駐在外交官の分析と合致していた。ガウス駐上海総領事の報告がその典型だった。

「いま日本とイギリスとの間で中国問題についての相互理解を進める動きがある中で、日本が中国に対して厳しい態度をとったり、華北で強硬策（軍事行動）に及ぶようなことは

考えにくい」（＊8）

そんななかにあって、米国外交官は、中国政府関係者の不穏な動きを観察し、中国政府は日中間の戦いを止める気はなく、むしろ煽《あお》ろうとしていることに勘づいていた。（＊9）そのことも本省に報告されていた。中国は、この頃にはソビエトとの関係を改善させていた。蔣介石《しょうかいせき》は、自身が拉致監禁された事件（一九三六年十二月：西安事件）をきっかけに急速にソビエトに近づいた。ソビエトの駐南京大使は、「中国が日本と干戈《かんか》を交《まじ》えることになればソビエトが軍事支援すると中国に信じ込ませようとしていた」。（＊10）だからこそ中国は大胆な行動に出ることができた。それが盧溝橋事件の真因であった。

蔣介石は、柳条湖《りゅうじょうこ》事件のころとは違い、日本との戦いを収束させる意思は全くなかった。ソビエト支援の期待（結局は口約束だけだったが）と米国のスチムソンドクトリンの継続が彼の対日強硬姿勢の追い風だった。蔣介石は、宣教師勢力が彼の味方になることもわかっていた。早い時期（一九三〇年）にキリスト教徒に改宗していたのも彼らしい深謀遠慮であった。

盧溝橋事件は日本の指導者の対中宥和の願いを粉砕した。もはや蔣介石との外交交渉には何の期待ももてないと確信した。一九三七年八月十三日、蔣介石軍は上海租界地を攻撃した（第二次上海事変）。戦線は拡大し反転攻勢に出た日本陸軍は南京を占領（同年十二月）した。年が明けた三八年一月、近衛首相は「爾後《じご》、国民政府（蔣介石政権）を対手《あいて》とせず」と声明するに至る。日中戦争の泥沼化の中で、ヨーロッパの戦いが始まった（一九三九年九月）。

日中の戦いはスチムソンにとって、自身の見立てが正しかったことを「誇る」チャンスの到来となった。スチムソンの考えは、ウィリアム・デュボイス（全米黒人地位向上協会会長）への手紙（＊11）によく表れている。

一九四〇年一月二十四日

親愛なるデュボイス博士殿

いまアジアで起きている紛争は、二つの文明の戦いであります。一つは平和を望みながら変革を求める（良き）文明であり、もう一方は軍国主義的で他国を侵略しようとする（悪の）文明です。アジアでの戦いの帰趨《きすう》は世界全体のこれからを大きく左右します。

わが国の極東政策は、友好的で改革を進める独立国家中国こそが太平洋地域の将来の安定の核となるという信念のもとに構築されています。中国こそが、この地域の繁栄と安全をもたらす礎《いしずえ》になるのです。

本年一月二十六日には日本との貿易条約（訳注：日米通商航海条約、三九年七月二十六日、米国は一方的に廃棄通告した）が失効します。わが政府は、時機を逸することなく、わが国からの軍需品を対日禁輸すべきです。それは実効性のあるものでなくてはなりません。（後略）

日本の侵略に加担しない委員会
ヘンリー・L・スチムソン

一九四〇年の時点においても、スチムソンの善悪二元論的解釈はいささかも揺るいでいない。あくまで、「善」は中国、「悪」は日本であった。この手紙にあるウィリアム・デュボイス博士は、ブラックナショナリズム（黒人公民権運動）の先駆けとなる社会学者だった。隠れ共産主義者でもあった。彼は、戦後（一九六一年十月一日）、米国共産党に入党を申し込んでいるが、申請書には一九二六年、そして三六年にもソビエトを訪れたことが誇らしげに書かれている。（＊12）

呼び戻されたスチムソン

一九四〇年は大統領選挙の年であった。ＦＤＲ政権は、劣勢を強いられている英国を支援したかった。ＦＤＲは、英国の対独宣戦布告前に、英国支援を約束していた。しかし圧倒的な不干渉を求める国内世論の前に身動きがとれなかった。約束を果たすには、何はともあれ来る選挙で三選されなくてはならなかった。大統領職は最長二期八年の不文律があった。ＦＤＲの党内基盤はほぼ盤石で国民の人気は依然高かっただけに民主党候補になることは難しくはなかったが、問題は共和党の動きであった。幸いに、共和党には少数派とはいえ干渉主義者がいた。

米国には、伝統的に英国が大好きな人間と、逆に大嫌いなものがいた。英語では前者をanglophile、後者をanglophobiaと呼ぶ。共和党にもこの二派があった。なかでも東部出身者には英国大好き人間が多かった。共和党は大統領選挙に向けて、党の方針を決めなくてはならなかった。党内議論の末、「外国の戦争に介入することに強く反対する」(非干渉政策)と決めた。(＊13)

ＦＤＲは共和党の亀裂に早い段階で気付き行動を起こしていた。三九年暮れ、彼は有力共和党員フランク・ノックスを密かにホワイトハウスに招いた。表向きの理由は世界情勢の意見交換だった。午後六時になってもＦＤＲはノックスを帰そうとしなかった。邸内の映写室で映画『モホークの太鼓』（監督：ジョン・フォード）を見ないかと誘った。（＊14）封切られたばかりの若い夫婦の西部開拓の物語だった。

ＦＤＲは、鑑賞を終え帰宅の途につこうとするノックスを暫《しば》し留め、ノックスに、「二つある軍長官ポスト（海軍、陸軍）の一つをオファーしたい」と語った。それがその日のホワイトハウス招待の真の理由だった。ノックスは、シカゴ出身の新聞王（シカゴ・デイリーニュース）であり、軍経験はなかった。もう一つの長官ポストはアルフレッド・ランドン（前カンザス州知事）にオファーしたいことも明かした。（＊15）これは驚くべきことであった。二人は先の大統領選挙（一九三六年）では共和党候補者だったのである。ノックスはランドンに指名された副大統領候補だった。

ノックスは誘いに乗ったが、ランドンは、「（ＦＤＲに）三選を許すことは我が国の政治（民主主義）にとって、外部の敵以上に危ないことである」（＊16）としてオファーを受けなかった。ＦＤＲがランドンに代わって狙いを定めた男が、共和党内でも干渉主義者と知られていたスチムソンだったのである。スチムソンはすでに七十二歳の高齢であったが、喜んでオファーを受けた。FDRは野党共和党の懐に露骨に手を突っ込んだのである。

FDRが、スチムソンを陸軍長官に、ノックスを海軍長官に任命すると発表したのは、共和党が大統領選候補者を決める全国大会（オハイオ州クリーブランド、四〇年六月九〜十二日）の数日前のことだった。共和党は当然に反発した。民主党内からもポストを狙っていた有力者から失望の声があがったが、FDRは意に介さなかった。七月十日、スチムソンは陸軍長官に就任した。前長官ハリー・ウッドリングは民主党員であったが、非干渉主義の立場をとっていた。FDRには、干渉主義者であることが民主党員であることよりも重要であった。

七月十五日、民主党の全国大会が始まった（シカゴ）。少なくない党員が三選に反発していたが、FDR政権発足時からの右腕ハリー・ホプキンス（商務長官）がそれを抑え込んだ。彼はFDRの進めたニューディール政策の最先端にいた実務官僚だった。政府予算の配分を通じて、強大な権力を握っていた彼にとって党内懐柔は容易なことであった。

すでに書いたように、FDRは英国を軍事支援することを早い時期から決めていた。しかし、当時の米国陸軍は外国の戦場に派遣するほどの兵力がなかった。海外派兵のためには徴兵制度を早急に導入する必要があった。スチムソンは早くから、議会に同制度の早期導入を働きかけていた。

一九四〇年九月十六日、徴兵法（Selective Training and Service Act）が導入された。アメリカが初めて平和時に導入した徴兵制度だった。選抜の仕組みは二十一歳から四十五歳の男性を事前登録させた上で、全国規模の抽選を実施し、「籤《くじ》にあたったもの」を十二カ月の兵役に服させるというものだった。徴兵数は最大九万人と決まった。同年十月二十九日、初めての抽選会があった。大統領も参加する政治ショーであった。集まったカメラマンを前に、目隠しをした関係閣僚が、ガラスのボックスの中の登録番号が記されている籤を引くのである。スチムソンが最初の籤引き役を務め、引き当てた籤を、隣に控えるＦＤＲに手渡した。ＦＤＲが神妙に読み上げた数字は「ワンフィフティエイト」であった。ラジオに乗せられたこの声を全米の市民が聞いていた。百五十八番を割

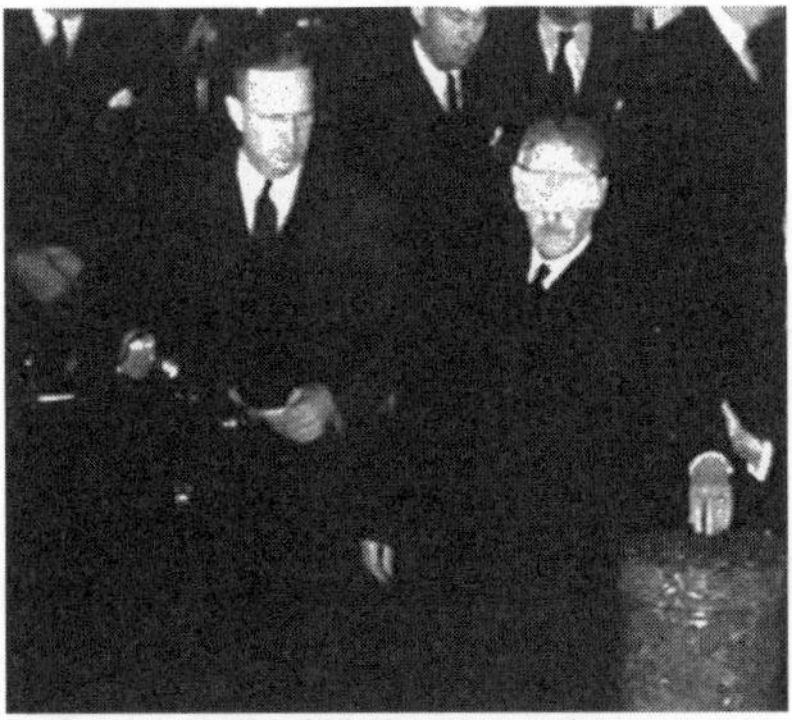
目隠しをして徴兵対象者の抽選に臨むスチムソン陸軍長官

り振られた徴兵対象者およそ六千人が選抜された瞬間だった。この儀式は数回繰り返された。

擬似「挙国一致」内閣

十一月五日、ＦＤＲは共和党の新人候補ウェンデル・ウィルキーに大差をつけて三選された（選挙人数：四四九対八二）。

一九三九年九月三日、ドイツが両国に宣戦布告し、英国（およびフランス）は、ポーランドに侵攻したナチスドイツに宣戦布告していた。ドイツが両国に宣戦布告したのではない。英国侵攻の意思のなかったドイツに英国があえて戦いを挑んだのは、ポーランドに対し独立保障していたからだった。独ポの紛争は英国の安全保障とは関係がない。

それでも英国があえてポーランドに独立保障を与えたのはＦＤＲ政権の強い圧力があったからだった。先に書いたように、米国は、英国にもそしてポーランドにも対独戦争になれば支援すると約束していた。そうでありながら八〇％以上の非干渉を求める国内世論を前に、ＦＤＲは動きがとれずにいた。英国（チャーチル首相）は、米国内の事情はわかっていたが不満が高まっていた。ＦＤＲは英国の憤りに応えなくてはならなかった。その第一歩が共和党重鎮をも閣内に取り込んだ疑似「挙国一致」内閣の設置であり平時徴兵制の導入だったのである。

スチムソンが陸軍長官に任命された七月、フィリップ・カー英駐米大使がヘンリー・モーゲンソー財務長官を訪れた。ＦＤＲの親友であったモーゲンソーは、国務長官コーデル・ハルの管轄である外交にまで口を挟むことができる政権の実質ナンバーツーであった。カー大使は、唐突に、「日本の中国における振る舞いは好戦的でありまた侵略的である」と非難し、「日本への石油供給を米国は停止すべきだ」と訴えたのである。当時、日本の石油のおよそ八割がカリフォルニアの油田から供給されていた。

この二カ月前に英国陸軍は大陸からドイツ軍によって駆逐されていた（ダンケルクの戦い）。英国は本土防衛体制を急ぎ整えていた。常識的に考えて、日中の戦いなど英国にとってはどうでもよいはずであった。そんな時期に、カー大使は、「米国が対日石油禁輸に踏み切れば、英国は蘭印（インドネシア）にあるオランダの油井《ゆせい》を爆破する」と提案したのである。

ヒトラーは、米国の挑発（ドイツＵボート潜水艦に米国海軍艦船を攻撃させるために実施した一連の挑発行為）にけっして乗らないように海軍に厳命していた。米国の対独戦争の願いはヒトラーが拒んでいた。米国の支援なしで対独戦争は戦えなかった。苛立つ英国が考えた奇策が、ドイツに接近する日本を締め付け、日本を利用した「裏口からの米国参戦」計画であった。「カー大使の提案は、日本に対する露骨な敵対行為」（＊17）だった。

翌日、モーゲンソー長官はホワイトハウスを訪れ、この提案を説明した。FDRは、スチムソンとノックスを呼び意見を聞いた。サムナー・ウェルズ国務次官も同席した。日本嫌いのスチムソンは直ちに賛意を表明したが、ウェルズ次官が反対した。「そんなことをすれば日本は対英宣戦布告する」（＊18）と自重を求めた。それでも、英国案採用に前向きなスチムソンの意見が考慮され、航空燃料と高品位くず鉄の禁輸が決定した（七月二十二日）。日本大使館には事前の打診はなく、大使館は新聞記事（七月二十六日）でこれを知った。（＊19）

幻の東京空爆計画

中国では、蔣介石政権が日本との妥協を一切拒否し、南京が陥落すると首都機能を重慶に移した（一九三七年十一月二十日）。日本陸軍は重慶の空爆を続けていた。米国は援蒋ルートを通じて軍事物資を供給していた。一九四〇年十二月、宋子文《そうしぶん》（駐米大使。蒋介石の妻、宋美齢《そうびれい》の兄）は三選を果たしたFDR政権にさらなるコミットメントを求めた。航空機五百機の供与を求めたのである。米国が、生産される航空機のほとんどを英国に送っていた時期である。

フライングタイガース（カーチスP40）

十二月十九日朝、FDRは側近閣僚四人（モーゲンソー、ハル、スチムソン、ノックス）を集め、中国に数機の長距離爆撃機を供与し、中国人パイロットにより日本を空爆させてはどうかと提案した。宋子文の要請に応える代案だった。

スチムソンは喜んだ。中国支援がようやくできるのである。十二月二十二日、彼は、モーゲンソー、ノックス、ジョージ・マーシャル（参謀総長）を自邸に招き、自身の案を披露した。「百人ほどの退役陸軍パイロットを中国にボランティアとして派遣し、同時に中国に供するカーチスＰ40戦闘機で対日戦争を戦わせる」というものであった。長距離爆撃機を使う日本空爆計画（ＦＤＲ案）に代わるアイデアだった。三人はスチムソンの案に賛同した。その後ＦＤＲも承認したことを知らされた宋子文は充分に満足であった。（＊20）

「一九四〇年十二月二十三日、大統領はカーチスＰ40戦闘機百二十機と志願のパイロットら三百名を中国に派遣することを命じた。訓練は英領ビルマで行うことになった。その指揮はクレア・シェンノートに委ねられた。この部隊は『フライングタイガース』と呼ばれた」（＊21）

パイロットには週給三百ドル（現在価値四千八百ドル）に加え、報奨金（日本機撃墜一機当たり五百ドル〈現在価値八千ドル〉）もあった。（＊22）フライングタイガースの派遣は、議会の承認を得ない対日戦争の「外注化」だった。

翌四一年七月二十三日、ＦＤＲは第二次フライングタイガース計画を命じた。爆撃機六六機（ロッキードハドソン、ダグラスＤＢ‐7）を国民党政府に供与し、東京を空爆するのである。しかし、真珠湾攻撃時点（米国時間十二月七日）でまだパイロットは訓練中だったため幻の東京空爆計画となった。（＊23）

＊1：チャールズ・カラン・タンシル『裏口からの参戦（上）』（草思社、筆者訳）17頁

＊2：『裏口からの参戦（下）』２６０頁

＊3、4：同右、２６１頁

＊5：ヘンリー・スチムソン・ペーパー、9頁

＊6：『裏口からの参戦（下）』２６２頁

＊7：『裏口からの参戦（上）』２７０頁

＊8：同右、２７１頁

＊9：同右、２７０頁

＊10：『裏口からの参戦（下）』２０７頁

＊11：Letter from American Committee for Non-Participation in Japanese Aggression
http://credo.library.umass.edu/view/pageturn/mums312-b090-i215/#page/1/mode/1up

＊12：William Edward Burghardt Du Bois 米国共産党入党申込の書簡 October 1, 1961
http://credo.library.umass.edu/view/pageturn/mums312-b153-i071/#page/1/mode/1up

＊13：John T. Flynn, The Roosevelt Myth, Fox & Wilkes, 1948, p190

＊14、15：Joseph E. Persico, Roosevelt's Secret War, Random House, 2001, p33

＊16：The Roosevelt Myth, p203

＊17：Roosevelt's Secret War, p59

＊18：同右, p60

＊19：ハーバート・フーバー『裏切られた自由（下）』（草思社、筆者訳）467頁

＊20：Roosevelt's Secret War' p61-62

＊21、22：Craig Nelson, Pearl Harbor, Scribner, 2016, p371

＊23：Mark Weber, Roosevelt's Secret Pre-War Plan to Bomb Japan, Journal of Historical Review, 1991

待ち焦《こ》がれた真珠湾攻撃

日本に最初の一発を撃たせる――ルーズベルトの狙い通り、日本は真珠湾にやってきた。「悪の帝国」を叩き潰す戦争が始まったのだ

英国を助けたいFDR

日米関係は着実に悪化していた。前章までに書いたように、米国は日米通商航海条約の破棄を一方的に通告し、同条約は一九四〇年一月二十六日に失効した。この頃にはワシントン海軍軍縮条約もロンドン海軍軍縮条約も失効しており、両国は無条約状態に陥った。七月には、英国のカー駐米大使の対日強硬外交要求の結果、航空燃料やくず鉄の禁輸が決定した（新聞報道七月二十六日）。

この頃、日本では第二次近衛内閣が成立（七月二十二日）し、外相には松岡洋右が就《つ》いた。

松岡は駐米大使に野村吉三郎を充《あ》てた。野村はしばらく就任を固辞したため、米国赴任は遅れていた。

年が明けた一九四一年一月二十四日、ワシントンでは日本による真珠湾攻撃の可能性がすでに語られていた。ノックス海軍長官は、スチムソンに次のように書いていた。

「誰にでも想像できることだが、日本は奇襲攻撃をかけてくるのではないか。ターゲットはパールハーバーの海軍基地か、そこにいる艦隊になるだろう。その場合、六つの方法が考えられる。第一に、艦載航空機による空爆、第二に航空機からの魚雷攻撃、第三にハワイ諸島内の（日系移民を使った）破壊工作、第四に潜水艦による攻撃、第五に機雷による港湾（真珠湾）封鎖、第六に艦砲射撃である」

「三番目から六番目の可能性は低いが、もっとも危険なのは空母を擁する機動部隊による攻撃である」（＊1）

参謀総長のジョージ・マーシャルもワシントンの会議（二月十九日）で、「わが艦隊はハワイにある。（日本の）奇襲に備えなくてはならない」（＊2）と語っていた。

二月十四日、赴任が遅れた野村大使が、信任状奉呈にホワイトハウスを訪れた。FDRが第一次世界大戦期に海軍省次官であったことから、二人は旧知であった。FDRは彼の訪問を（表向き）歓迎し、忌憚《きたん》なく話し合うことを約束した。このとき、野村は五カ月前から日本の外交暗号（紫暗号、米国側呼称はマジック暗号）が解読されていたことを知らなかった。（＊3）ロンドン海軍軍縮条約交渉時には、スチムソンは「他人の手紙を盗み見」させなかった。他国の外交暗号を読まないという「貴族趣味」の時代は終わっていた。

この頃、ドイツ駐ワシントン代理公使ハンス・トムセンは、日本の外交暗号が破られていることを察知していた。国務省内部のＦＤＲ嫌いの人物から漏れてきた確度の高い情報だった。トムセンは本国に知らせるとともに、野村大使にもこの事実を伝えた。野村は、「我々の暗号のどれかが解読されている。どの暗号であるかは不明である」と本省に報告したが、紫暗号に自信を持っていた日本外務省は暗号を変えようとしなかった。（＊4）

ＦＤＲは着々と英国支援の仕組みづくりに邁進していた。米国は第一次世界大戦時の反省を踏まえ、交戦状態にある国への武器の販売を禁じていた（中立法）。第一次大戦後の調査で、多くの軍需産業が巨額の富を築いたことが露呈した。中立法は、軍需産業に他国の紛争を煽《あお》らせないための法制度だった。

この縛りを嫌うFDR政権は、ドイツの危険性を煽りに煽ることで、ワシントン議会にこの法を無力化させることに成功した。英国への軍需品供与を可能にする武器貸与法を成立させたのである（三月十一日）。貸与法と命名されているが、実質は無償供与であった。これによって、米国は事実上の交戦国となった。

非干渉主義の論陣を張るシカゴトリビューン紙は、「この法案は大統領を独裁者にする」と厳しく批判した。ワシントン議会の反対勢力を抑え込んだのはスチムソンだった。「ドイツがアメリカに攻めて来る可能性が高い（だから英国を支援する必要がある）」と、国民の恐怖心を煽って抑え込んだのである。（＊5）言うまでもないが、ドイツにはそのような意志も軍事力もなかった。英国海峡を渡ることさえできないドイツ海軍に、大西洋を越えて米国を攻撃することなどできるはずもなかった。

FDRは四月に入ると、「米海軍に英国船舶の護衛命令を発する」とスチムソンに打ち明けた（四月十日）。（＊6）実際には、護衛が二月前からひそかに始まっていたことを知らせたに過ぎなかった。対独戦争はすでに米国民の知らないところで始まっていた。

度を越したソビエト支援

六月二十二日、ナチスドイツは対ソ戦に踏み切った。ドイツとの密約に従ってポーランドを分割占領していたソビエトは、本来なら「同じ穴の狢《むじな》」であったが、なぜか英仏はソビエトに宣戦布告していなかった。米国内の共産主義組織は一九三九年九月一日以降、頑《かたく》なにヨーロッパ問題不干渉を訴え続けていたが、この日を境に突如、干渉主義に舵《かじ》を切った。（＊7）ソビエトの利益のための、ご都合主義的態度だった。

ＦＤＲは直ちに対ソ支援を決めた。議会には共産主義国を支援することの是非を議論する機会さえ与えなかった。ＦＤＲのソビエトへの肩入れは度し難いほどで、米国が必要とする武器さえ不足した。

英ソ支援とは反対に、日本への制裁はエスカレートしていった。野村大使がハル国務長官との最初の会談に臨んだ三月八日以降、交渉は続いていたが、進展はなかった。米国は七月二十六日に日本の在米資産を凍結し、この一週間後には石油の全面禁輸も決めた。（＊8）

それでも日本は諦めず、妥協を求めるシグナルを送り続けていた。七月十八日に新内閣（第三次近衛内閣）が組織されると、外相には米国が嫌う松岡に代わり、豊田貞次郎（海軍提督）が就いた。対米宥和のメッセージだった。八月六日には、野村大使がＦＤＲとの直接交渉を願う近衛親書をＦＤＲ本人に届けた。しかしこの三日後、野村はこの提案が拒否されたことを東京に知らせた。（＊９）

日本には辛く当たる一方で、ＦＤＲの英国やソビエトへの大盤振る舞いは常軌を逸していた。例えば航空機の対英供与は、重・軽爆撃機、戦闘機、哨戒機など計三千八百十四機にも上った（一九四一年二月から十二月）。（＊10）

それでも近衛首相は諦めなかった。その意を酌《く》んだグルー駐日大使も、会談の実現を本省に訴えた。全く応じようとしない米国を前に近衛は、「日本とはいかなる合意もする意志がないのではないか」と落胆する（十月初め）。（＊11）言うまでもなく、首脳会談に強く反対していたのはスチムソンであった。

「（交渉は継続させても良いが）大統領との直接会談が成るようなことがあってはならなかった。（中略）何らかの妥協がなれば、極めて重要である中国との関係が危機に晒《さら》される」

（陸軍省議事録スチムソン発言）（＊12）

中国を救うためには、「悪」の帝国（日本）といかなる妥協もしてはならない。それがスチムソンの一貫した考えだったのである。

近衛は首脳会談を実現できないまま退陣した（十月十八日）。続いた東条英機内閣のほとんどは軍国主義者とみなされたが、外相には「アングロサクソン連合と戦うことに反対するグループに属していた」（＊13）東郷茂徳を起用した。「対米戦争にはならないような、しっかりとした外交方針」（＊14）を求める昭和天皇の意を受けた人事だった。

最初の一発を撃たせるための策略の数々

この頃チャーチルは、日本との戦いがいまだ始まらないことに苛立っていた。彼は八月のFDRとの会談（大西洋憲章の打ち合わせと称し、カナダ・ニューファンドランド沖で二人は会った）で、すでに日本との戦いについて打ち合わせていた。十一月五日、「日本はいまだに決断していない。天皇も軍を抑えているようだ」と、FDRに不満げに打電した。（＊

15)

米国は十一月四日から五日にかけて、日本の外務省と駐米大使館の間で交わされた公電を傍受した。そこには日本側から、日米戦争を回避するための新提案が書かれていた。FDRの関心はもはや避戦にはなく、石油禁輸で日本が侵攻するはずの英領マラヤ、あるいは蘭印で米日が衝突した場合の国内世論の反応にあった。スチムソンは、世論は必ず戦うことを理解すると閣議で主張し、ほかの出席者もそろって同意見だったと日記に残している(十一月七日)。しかし、本当に全員一致であったかは疑わしかった。(＊16)

日本は避戦に向けて二つの案を用意していた。より譲歩したB案が野村大使からハル国務長官に示されたのは、十一月二十日のことであった。もちろん、ハル長官はその内容を予《あらかじ》め知っていた。B案は、「日米両国は、南東アジアおよび南太平洋地域に武力進出を行わない」(＊17)と始まっていた。この日の協議には、野村大使のサポートに東条内閣が送り出した来栖《くるす》三郎新大使も加わっていた(ワシントン着任十一月十五日)。来栖大使は米人女性を妻にし、「結婚生活は幸福であっただけに、個人的にも良好な日米関係を望んでいた」(＊18)外交官であった。この人事も、日本の対米避戦を望む強い意志の表れだった。

この頃、米国陸海軍幹部は、戦いの準備にはもう少し時間が要るとハル長官に意見していた。そのこともあり、ハル長官は日本の冷却期間（三カ月）を置く提案を受け入れる考えに傾いていたが、念のため関係国（英中蘭豪）大使の意見を聞いた（二十二日）。反対は胡《こ》適《てき》中国大使だけだった。二十四日にも各国代表を集めたが、やはり胡適だけが反対した。

二十五日朝、ハル長官はスチムソン、ノックス両長官に、日本の望む冷却期間を置いた国務省案を示した。しかしそこには、日本が到底受け入れられない条件が挿入されていた。スチムソンは日本がこれを受け入れることはないと確信した。（＊19）だからこそ、彼は国務省の冷却期間を受け入れた対案に敢えて反対しなかった。冷却期間を置くか否かは、もはや実質的な意味がないと判断したのである。

同日午後、ＦＤＲは関係閣僚と最終調整に入った。マーシャル参謀総長とスターク海軍作戦部長も加わった。この日のスチムソン日記は、この会議がいかなる性格のものであったかをよく示している。

「問題は、いかにして彼ら（日本）を最初の一発を撃つ立場に追い込むかである。それによって我々が重大な危険に晒されることがあってはならないが」（＊20）

米国民には隠蔽された「最後通牒（ハルノート）」

この晩、日本の反発が確実な国務省案にさえ反対する動きがあった。冷却期間の文言が気に入らなかったチャーチルは、「中国の立場に同情している」とワシントンに打電し、懸念を表明した。（＊21）重慶にＦＤＲの名代のような立場で赴任していたオーウェン・ラティモアも、「暫定協定はいかなるものであっても、アメリカを信じる中国の気持ちを裏切ることになるだろう」（＊22）とロークリン・カリー（ＦＤＲの元行政担当補佐官）に訴えた。カリーはソビエトのスパイであった（ヴェノナ文書）。蔣介石もスチムソンとノックスに抗議した。（＊23）

二十六日朝、スチムソンのもとに、中国に展開していた日本艦隊が上海を出港し、南に向かったとの情報が入った。いよいよ日本が動いたのである。このことは直ちにＦＤＲに知らされた。この日午後、国務省対案（ハルノート）が、ハルから野村、来栖両大使に示された。十項目からなっていたが、その骨子は以下の四点であった。（＊24）

一　支那大陸及び仏印からの日本の陸海軍および警察の全面撤退
二　日華近接特殊緊密関係の放棄
三　三国同盟の破棄
四　支那大陸においては、蔣介石政権以外のいっさいの政権の否認（満洲国および汪兆銘〈汪精衛〉も含む）

ハル原案にあった「冷却期間を置く」という文言も消えていた。前頃までに書いたように、スチムソンの元上司エリフ・ルート（元国務長官）は、「日本には米国も認めてきた満洲の特殊権益が存在すること、また条約上認められた権益を脅かす中国とソビエトの動きにも十分注意するよう促し」ていた。ハルノートに示された条件が日本が安全保障上、絶対に受け入れられないことは分かり切ったことであった。

十一月三十日、ＦＤＲはジョージア州ウォームスプリング（温泉保養地）にいた。この日、スチムソンは「日本の攻撃は間近に迫っている」とＦＤＲに電話し、ワシントンに戻るよう求めた。（＊25）十二月一日にワシントンに戻ったＦＤＲは翌二日、野村・来栖両大使と会談した。南東アジア方面での日本海軍の動きを警告したが、真珠湾に向かっている日本海軍機動艦隊については一切語らなかった。（＊26）これが最後の日米交渉となった。

この日、ＦＤＲは記者会見を開き、米日交渉の進捗を語った。不思議なことに、この場においても交渉が最終局面に来ていることを一切語らなかった。〝疑似〟最後通牒（ハルノート）を発したことにも触れなかった。（＊27）

傍受された「東の風、雨」

十二月四日、二つの大きな事件があった。この日、ワシントンに近いチェルテナム（メリーランド州）の海軍短波受信局が、東京から発せられた「天気予報」を傍受した。その予報には、「東の風、雨」の一節が挿入されていた。このことを知らされたクレイマー少佐は、直ちに上官のサフォード中佐に報告した。二人は、この天気予報が持つ重大な意味を知っていた。「日本政府は、十一月十九日に、駐米日本大使館に、『東の風、雨』はアメリカとの戦いが不可避になったことを示すメッセージであることを知らせていた」（＊28）からである。

サフォード中佐は後に、「この状況において日本が奇襲攻撃を十二月十三日ないし十四日（次の週末）まで待つようなことはないと推論するのに、特別な閃《ひらめ》きや勘は要《い》らなかったと証言している。「東の風、雨」メッセージ傍受の報は、サフォードからノイズ少将を通じて、大統領付海軍顧問に伝えられた。

この日のもう一つの事件は、シカゴトリビューン紙の一面報道であった。同紙は、米国の極秘対独戦争計画（レインボー5）を詳細に報じたのである。そこには一九四三年夏までに一千万人を動員し、対独戦争を開始すると書かれていた。日独の同盟（第三条）では、日本が米国を攻撃した場合にドイツの参戦義務はなかった。従って、米国が本当の敵ドイツと確実に戦うためには、ヒトラーによる対米宣戦布告が必要だった。

極秘の計画がタイミングよくこの日に報じられたのは、真珠湾攻撃後にヒトラーから対米宣戦布告を引き出すための故意の情報漏洩ではなかったかと疑われている。漏洩を指示したのはFDRか、その側近に違いなかった。彼らは、ヒトラーは一千万人の動員前にけりをつけなければならないと考えるに違いない、と考えたはずだ。ドイツも石油の確保に汲々《きゅうきゅう》としており、時間は味方しないのである。

十二月五日、ハル国務長官は極東の米外交官に対して、本省との連絡が途絶えた場合、暗号表、秘密文書などの破棄と事務所の閉鎖を命じた。（＊30）

翌六日（土曜日）、ＦＤＲはおかしな行動を取った。天皇に和平を願う公電を打ったのである。「公電を送ったという事実を記録に残すだけのもの」（ハル国務長官）（＊31）であることは明らかだった。

「恥辱の日」は、スチムソンの「勝利の日」だった

十二月七日（日曜日）朝、海軍短波受信局のクレイマー少佐は、日本から野村大使に宛てられた暗号文書を解読した。その内容から午後一時（ワシントン時間）には、真珠湾をターゲットとした急襲があると直感した。十時頃には、これを知らされたノックス海軍長官がＦＤＲにこの内容を直ちに伝えたことは間違いない。マーシャル参謀総長にも、遅くとも十一時半ごろには伝わっていた。しかし、マーシャルはホノルルにつながる盗聴防止機能付き電話を使ってハワイに警告しなかった。海軍無線あるいはＦＢＩ専用無線を使うこともできた。しかし、彼にしか分からない理由で、民間無線（ＲＣＡ）を使ってホノルルに警告した。（＊32）時間のかかる民間無線を使うことで、警告を発したという事実を残しながら、真珠湾への警告が間に合わないやり方を取ったのであろう。

日本の真珠湾奇襲があったとノックス海軍長官がFDRに電話で伝えたのは、午後一時四十七分のことである。午後三時、ノックス海軍長官、スチムソン陸軍長官、マーシャル参謀総長など主だった幹部がホワイトハウスで待つFDRとハリー・ホプキンス（彼はホワイトハウスに住んでいた）のもとに参集した。ホプキンスは、「出席者はショックを受けた顔色だったが、それほどの緊迫感は感じられなかった」と記録している。（＊33）

翌十二月八日（月曜日）午後十二時五分、FDRはお気に入りのブルーの海軍用ケープを纏《まと》い議会に向かった。七分後に議会に到着したFDRは、議員らに万雷の拍手で迎えられた。立ち上がり、床を足で踏み鳴らすものも多かった。FDRは彼らを前に、次のように語りかけた。

Chicago Daily Tribune
2 CENTS
FINAL
F.D.R.'S WAR PLANS!
REDS BEGIN NEW DRIVE TO BREAK VISE ON MOSCOW
HOUSE ADOPTS DRASTIC BILL TO BLOCK STRIKES
GOAL IS 10 MILLION ARMED MEN; HALF TO FIGHT IN AEF
NEWS SUMMARY
REVEAL TURKEY GETS LEND-LEASE GOODS SINCE MAY

米国の対独戦争計画（レインボー5）をタイミングよく報じるシカゴトリビューン紙（一九四一年十二月四日付）

「一九四一年十二月七日は、わが国にとって恥辱の日としていつまでも記憶されることになろう。昨日、日本は唐突に、そして謀ったかのように真珠湾を攻撃した。（中略）日本政府及び天皇との間に、太平洋の平和を求めて交渉を続けている最中だった。（後略）」

ＦＤＲが突然に天皇宛ての公電を打った意味がよくわかる六分間のスピーチだった。議会は圧倒的多数でＦＤＲの要請（対日宣戦布告）に応えた（上院：八二対〇、下院：三八八対一）。（＊34）

いよいよ、スチムソンが待ちに待った「悪」の帝国を叩き潰す時が到来した。

＊1、2：スティーブ・トゥーミー『Countdown to Pearl Harbor』１８４頁
＊3：Joseph E. Persico,『Roosevelt's Secret War』p105
＊4：同右、１０５～１０６頁
＊5：マイケル・フュリラブ『Rendezvous with Destiny』１７９頁
＊6：前掲『Roosevelt's Secret War』84頁
＊7：同右、２５３頁
＊8：ロバート・ヒッグス『How U.S. Economic Warfare Provoked Japan's Attack on Pearl Harbor』
＊9：チャールズ・カラン・タンシル『裏口からの参戦（下）』（草思社、筆者訳）４８６頁

＊10：前掲『Countdown to Pearl Harbor』220頁
＊11、12：ハーバート・フーバー『裏切られた自由（上）』（草思社、筆者訳）485頁
＊13、14：同右、494頁
＊15：同右、496頁
＊16：前掲『裏口からの参戦（下）』494頁
＊17：前掲『裏切られた自由（上）』501頁
＊18：前掲『裏口からの参戦（下）』496頁
＊19：同右、498頁
＊20、21：前掲『裏切られた自由（上）』502頁
＊22、23：同右、503頁
＊24：『日本内閣史録』（第一法規出版）377頁
＊25：前掲『Roosevelt's Secret War』143頁
＊26：同右、151頁
＊27：前掲『裏口からの参戦（下）』512頁
＊28：同右、501頁

＊29：同右、502頁
＊30：前掲『裏切られた自由（上）』512頁
＊31：同右、513頁
＊32：『裏口からの参戦（下）』504頁
＊33：前掲『Rendezvous with Destiny』340頁
＊34：デイビット・バーカソン、ホルガー・ヘルヴィック『One Christmas in Washington』92頁

原爆投下へのカウントダウン

日米開戦直前、米国で始まった「新兵器」開発。「文明を破滅させる〝フランケンシュタイン〟」はいかにして生まれたのか

科学研究開発局

ここでは時を開戦前夜に戻そう。

一九四一年十月十八日、日本では近衛内閣が既に崩壊していた。ＦＤＲとの首脳会談が望めない以上、近衛にはなす術《すべ》がなくなっていた。

この十日前の十月九日午前十一時三十分（ワシントン時間）、ＦＤＲはヴァネヴァー・ブッシュ博士とホワイトハウスで話し込んでいた。

ブッシュ博士は、マサチューセッツ工科大学工学部長を務めた物理学者だった。当時はカーネギー財団会長を経て、連邦政府機関である科学研究開発局（ＯＳＲＤ：Office of

Scientific Research and Development）長であった。

科学研究開発局は研究機関のような響きがあるが、実際は大統領令八八〇七号（一九四一年六月二十八日）によって設置された新兵器開発を委《ゆだ》ねられた軍事組織だった。

博士はこの日、ＦＤＲと同席のウォーレス副大統領を前にして、「核分裂を利用する兵器開発を急ぐべきであり、開発は極秘で進める必要がある」と力説した（この会談の内容は文書に記録されていない）。（＊1）

ＦＤＲは、この具申を直ちに受け入れた。機密保持のために、核分裂利用兵器（核兵器）開発の進捗は、新たに組織する最高方針決定グループ（ＴＰＧ：Top Policy Group）だけに報告されることも決めた。メンバーに選ばれたのは以下の六人だった。

・ルーズベルト大統領
・ウォーレス副大統領
・スチムソン陸軍長官
・ジョージ・マーシャル参謀総長
・ヴァネヴァー・ブッシュ博士

・ジェイムズ・コナント博士（ブッシュの同僚物理学者）

ブッシュから、「ウラン235の核分裂を使う核兵器開発は理論的に可能である」「完成はどれだけの資金が投入できるかだけにかかっている」とする意見書がFDRに届いたのは、一九四一年十一月三十日のことだった。ハルノートを突き付け、日本の反応を注意深く見守っていた時期である。意見書は、「核兵器が完成すれば、米国の軍事的優位は盤石《ばんじやく》になる」と結ばれていた。（＊2）

物理学者は核兵器開発に自信を見せていたが、二つの難題（抽出と濃縮）があった。核分裂に使うウラン235は、天然ウランにはわずか一％も含まれていない希少物質だった。その上、ウラン235を核兵器として利用するには九〇％以上の高濃度にしなくてはならなかった。ウラン235を抽出し濃縮する作業には大量の電力が必要だった。

動き出した「マンハッタン計画」

一九四二年六月、ブッシュ博士らはニューヨーク市内に暫定事務所を構えたが、この頃には大統領に「大見得《おおみえ》」を切ったことを後悔していたようだ。巨大プロジェクトを指揮する優秀な指揮官が見つからなかったのである。陸軍のプロジェクトでありながら、陸軍工科部門にそうした人材が見当たらなかった。

ところが九月十七日、悩んでいるブッシュのもとに一人の陸軍士官が現れた。高慢な態度を見せる生意気な男だった。

この男が、陸軍が新たにS1計画（核兵器開発計画、後のマンハッタン計画）の実務責任者に任命したレズリー・グローヴス大佐だった。（＊3）

グローヴスは、陸軍士官学校（ウェストポイント）を四番で卒業（一九一八年）した陸軍工科技術の専門家であった。この頃のグローヴスは、ペンタゴン庁舎（のちの国防総省）建設の指揮を任されており、その指導力には定評があった。

九月二十三日、ブッシュとともにS1計画を任されていたジェイムズ・コナント博士は、スチムソン長官執務室でグローヴスと会った。グローヴスはこの日の朝、大佐から准将に昇任したばかりだった。巨大プロジェクトの指揮官として、大佐の肩書では相応しくないと考えた上層部の配慮だった。

新将軍はただちに組織の改編に臨んだ。この日はそれが議題だった。（＊4）新指導者を迎えてＳ１計画は「マンハッタン計画」に発展した。

一九四三年五月一日、スチムソンがマンハッタン計画の最高責任者に就いた。

グローヴスは各地に散っている開発拠点の動きを正確に把握し、一刻も早く作業の足並みを揃えさせたかった。その後、ウラン濃縮はオークリッジ（テネシー州）、核爆発研究と爆弾設計はロスアラモス（ニューメキシコ州）、プルトニウム抽出はハンフォード（ワシントン州）が拠点となった。

ウラン濃縮は大量の電力を必要としたが、ＦＤＲが鳴り物入りで始めたニューディール政策の目玉であるテネシーバレー開発公社（ＴＶＡ）から、欲しいだけの電力が提供された。

オークリッジ(テネシー州)のウラン濃縮施設

一九四四年九月三十日、スチムソンはブッシュ、コナント両博士から報告書を受けた。そこには、

「一九四五年八月一日までに核実験が可能である」「核爆発の破壊力は高性能爆薬一万トン、あるいはB29爆撃機一千機による空爆に匹敵する」「原爆の一千倍の威力を持

つ水爆（核融合爆弾）も、数年以内に可能である」と書かれていた。

さらに、「日本が原爆完成までに降伏していない場合、日本を標的として原爆を使用する」と提案していた。（＊5）

同年十一月、ＦＤＲは前代未聞の四選を果たした。対独、対日戦争が継続しているなかで指導者を代えたくないという国民心理が働いた結果だったが、この頃、ＦＤＲの体力はすでに限界に達していた。左眉付近を原発巣《げんぱつそう》とした悪性黒色腫（皮膚がん）が全身に転移していたのである。

ヤルタ会談（一九四五年二月四日〜十一日）を死相を見せながらも「成功」させて帰国したが、医師は一日の執務時間を厳しく制限していた。

一九四五年三月十五日、スチムソンは病んだ大統領に原爆開発の進捗を「ご進講」した。ＦＤＲの公式スケジュールによれば、ご進講は午後一時五十分から午後三時五分まで続いたことになっている。しかし、実際はわずか十分ほどの報告であった（スチムソン日記）。

ＦＤＲは、このおよそ一カ月後（四月十二日）に死んだ。

スチムソン主導

ＦＤＲは四選後、ランニングメイトと呼ばれる副大統領にミズーリ州選出の上院議員ハリー・トルーマンを選んでいた。外交経験の全くないトルーマンを選んだのは、ＦＤＲがすべての外交案件を一人で処理すると決めていたからだった。トルーマンはヤルタ会談にも関与しておらず、マンハッタン計画についても一切聞かされていなかった。

トルーマンはＦＤＲの死去した四月十二日、大統領に昇格した。副大統領時代のトルーマンがＦＤＲと二人だけで会ったのは、わずか二回だった。（＊6）

スチムソンが意を決して新大統領にマンハッタン計画について説明すると決めたのは、一九四五年四月二十五日のことである。

この日、正午にホワイトハウスを訪れ、手短にブリーフィング（状況説明）を済ますと、グローヴスを呼び入れた。彼はホワイトハウスに通じる秘密の地下道を使ってホワイトハウス・ウエストウィングにやってきていた。

グローヴスはマーシャル参謀総長とともに、準備したマンハッタン計画進捗報告書に沿って新大統領に「ご進講」した。

ウラニウム型原爆は八月一日までに使用できること、プルトニウム型は七月中に試験できること、日本が攻撃目標になっていることなどを四十五分にわたって説明した。（＊7）軍事専門家でもなく物理学者でもないトルーマンが、マンハッタン計画の持つ意味をどれだけ理解したかは分からない。

スチムソンは頃合いを見計らって、今後の具体的方針を検討する専門委員会の設置を提案した。トルーマンの疑問に答え、原爆使用について必要なアドバイスをするためである。トルーマンがこれに反対するはずもなかった。スチムソンが委員会の構成を決めたのは一週間後のことであった。議長には自身が就き、委員には次の七名を選んだ。（＊8）

委員長代理 ジョージ・ハリソン（陸軍省顧問、NY生命保険会長）

学者グループ ヴァネヴァー・ブッシュ博士、ジェイムズ・コナント博士、カール・コンプトン博士（マサチューセッツ工科大学学長）

国務省 ウィリアム・クレイトン国務次官補
海軍省 ラルフ・バード次官
大統領名代 ジェイムズ・バーンズ前戦争動員局長（一九四五年七月三日、国務長官に就任）

五月九日、専門委員会の第一回会合が始まった。会議は、スチムソンによる「皆さん、私たちの責務は、文明の将来を大きく変えるかもしれない重大な決定についての方針を決めるものです」という言葉で始まった。

議題は原爆投下後に発表する声明の内容、投下後の調査内容、今後の核兵器開発の進め方など多岐に及んだ。グローヴスはメンバーではなかったが出席を求められていた。（＊9）

五月十八日、第三回の会合があり、原爆投下後の声明文が検討された。原案はウィリアム・ローレンス（ニューヨーク・タイムズ紙科学担当編集員）が準備したものだった。

軍発表用原案はそのまま了承されたが、大統領声明は冗長に過ぎるとして短いものに修正された。バーンズ委員は近々、国務長官に任命されることを知っていただけに、原爆の持つ外交的意味（価値）、特に対ソ連外交に与えるインパクトに関心を寄せた。

使用への最終プロセス

専門委員会の最終会合は五月三十一日、六月一日の二日にわたって開かれた。会場はグローヴスが完成させたばかりのペンタゴンであった。マンハッタン計画の頭脳ともいえるロバート・オッペンハイマー博士らも招かれていた。

この日もスチムソンの言葉で会議は始まったが、彼の言葉には張りがなく、明らかに疲れているようだった。

「出席の科学者諸君には我々が本案件（原爆使用）について、ただとにかく戦いに勝つという（軍事的）視点だけで考えているわけではないことを理解して欲しい。（中略）この兵器は、我々人間と（我々の住む）地球との関係を革命的に変える。もっと言えば、文明を壊滅させる〝フランケンシュタイン〟になるかもしれない。しかし、しっかりとコントロールできれば、世界平和を確実にする可能性もある」（＊10）

スチムソンの言葉に、オッペンハイマーとコンプトンの技術的な説明が続いた。この後、原爆使用後にも研究と核燃料製造を継続すべきか、核兵器は国際管理にすべきかといった具体的な議論に移った。

この時点で日本を標的にすることは決まっていたが、目標都市は未定だった。バーンズ委員は、人的・物理的被害を最小限にしながら、核爆弾の恐ろしさを見せつけるような使用法、たとえばターゲットを過疎地にしたり、都市を標的とする場合には予告警告を出したりすべきではないかとの意見を述べた。

これには出席した技術者が反対した。

「警告すれば、日本の防空戦闘機との死に物狂いの空中戦となる。そうなれば回避行動を取らざるを得ず、搭載された核兵器が振動する。爆弾を振動させたくない」「新開発の兵器であり、不発もあり得る。警告しておきながら不発ということはまずい」

といった意見が相次いだ。

「核爆弾による閃光と三千～六千メートルにも達する爆煙が日本人を怯えさせ、降伏を早める」

と主張したのはオッペンハイマー博士だった。（＊11）

標的都市は京都か、それとも

具体的な標的都市については、ロスアラモスの研究チーム（標的選考委員会）が検討を重ねていた。

グローヴスは、日本人のモラル（戦争継続意志）を徹底的に叩く効果を狙うこと、軍事的ターゲットを選ぶこと、新兵器の効果を確認するため空爆のダメージを受けていない都市に絞ることなどの条件を出していた。

標的選考委員会は十七の都市から標的を絞り込んだ。委員会は京都が最適のターゲットと結論付けた。空爆も実施されておらず、近郊には多くの軍事工場があった。さらに古都京都の破壊は、日本人の心を完膚《かんぷ》なきまでに叩き潰すことは確実だった。（＊12）

これに強く反対したのはスチムソンだった。彼はかつて訪れた京都が、日本の芸術と文化の中心地であることを理解していたからである。

しかし、グローヴスや科学者は諦めなかった。激しい議論の末、ターゲットは京都を第一候補として、広島、小倉、横浜、新潟の五都市に絞り込んだ。（＊13）

六月一日、スチムソンは専門委員会の結論をトルーマンに報告した。

核爆弾はできるだけ早い時期に日本を標的として使用する、標的は民間人（軍事工場従事者）の住宅に囲まれた軍事施設のある都市（候補五都市）とする、警告は行わない、とする内容だった。

原爆投下はこうして決定した。しかし、これにどうしても納得できない委員がいた。ラルフ・バード海軍省次官である。彼は原爆を使わずとも、日本は降伏すると考えていた。

六月二十七日、意を決した彼は、スチムソン宛てに次のように書いた。

「日本に対して、原爆投下の数日前に警告を出すべきと信じます。（中略）この数週間で、日本政府が降伏の機会を探っていることは確実だと分かってきました。

予定される三首脳会談（注：ポツダム会談）後に、我が国の使節が日本の代表と中国の沿岸部のどこかの都市で会い、ロシアの状況（注：日ソ中立条約の破棄と対日戦参戦）を説明する。その上で、原爆の使用についてあらかじめ警告することができます。

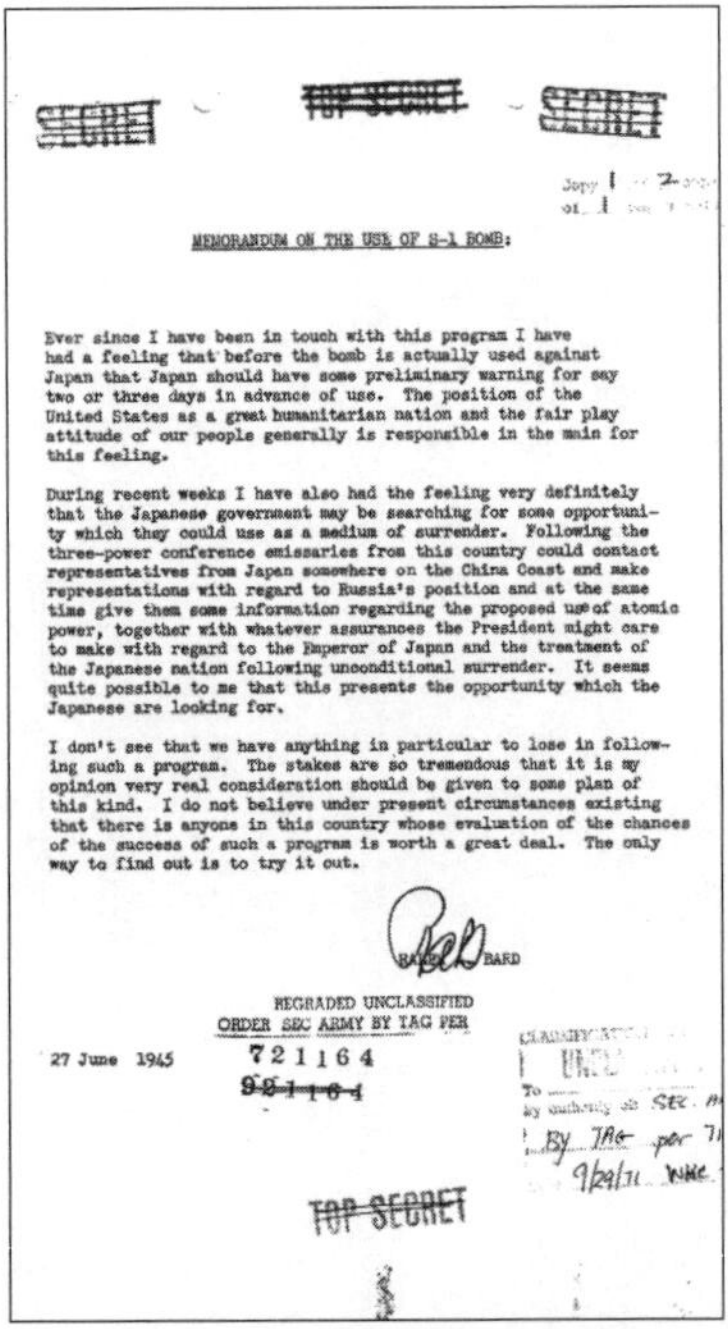
SECRET TOP SECRET SECRET

MEMORANDUM ON THE USE OF S-1 BOMB:

Ever since I have been in touch with this program I have had a feeling that before the bomb is actually used against Japan that Japan should have some preliminary warning for say two or three days in advance of use. The position of the United States as a great humanitarian nation and the fair play attitude of our people generally is responsible in the main for this feeling.

During recent weeks I have also had the feeling very definitely that the Japanese government may be searching for some opportunity which they could use as a medium of surrender. Following the three-power conference emissaries from this country could contact representatives from Japan somewhere on the China Coast and make representations with regard to Russia's position and at the same time give them some information regarding the proposed use of atomic power, together with whatever assurances the President might care to make with regard to the Emperor of Japan and the treatment of the Japanese nation following unconditional surrender. It seems quite possible to me that this presents the opportunity which the Japanese are looking for.

I don't see that we have anything in particular to lose in following such a program. The stakes are so tremendous that it is my opinion very real consideration should be given to some plan of this kind. I do not believe under present circumstances existing that there is anyone in this country whose evaluation of the chances of the success of such a program is worth a great deal. The only way to find out is to try it out.

RALPH A. BARD

REGRADED UNCLASSIFIED
ORDER SEC ARMY BY TAG PER
721164

27 June 1945

TOP SECRET

スチムソンに宛てた原爆無警告投下の再考を求めるバード海軍省次官の書簡。1971年９月29日、秘密解除された。

そして同時に、（降伏後の）天皇の立場や無条件降伏後の日本に対する扱いを（具体的に）説明するのです。こうした（丁寧な）説明こそが（降伏を模索する）日本が求めているものです」

「私の提案に沿ったアクションを起こすことで、我が国が失うものは一つもありません。重要な問題であるだけに前向きな検討を切に望むものです。（中略）（原爆を使用しない方法がないか）とにかく試してみるべきなのです」（＊14）

＊1、2：ジェネット・コナント『Man of the Hour』（2017）233頁
＊3、4：同右、253頁

＊５：同右、３１６〜３１７頁
＊６：マイケル・S・ネイベルク『Potsdam』12頁
＊７、８：前掲『Man of the Hour』３２３頁
＊９：同右、３２５頁
＊10：同右、３２６頁
＊11：同右、３２６〜３２７頁
＊12、14：同右、３２９頁
＊13：クレイグ・コリー『Nagasaki』59頁
＊14：Bard Memorandum, June 27, 1945
http://www.dannen.com/decision/bardmemo.html　尚、このラルフ・バードの無警告使用反対論に関しては、有馬哲夫氏が『原爆 私たちは何も知らなかった』（新潮新書、二〇一八年）でも触れている。

原爆投下とスチムソンの葛藤

もしもスチムソンがリアリストだったら、原爆投下はなかったかも知れない

ポツダム会談中の「吉報」

一九四五年五月七日、ドイツは降伏した。連合国三首脳（トルーマン、スターリン、チャーチル）は、ドイツ・ポーランドの戦後処理および対日戦争の進め方を協議するため、ベルリン郊外のポツダムに集まることを決めた。

七月七日、トルーマンは重巡洋艦オーガスタに乗り、ハンプトンローズ（バージニア州）を発《た》った。四日前に国務長官に任命されたばかりのジェイムス・バーンズや、ウィリアム・リーヒ提督（大統領付参謀長）の姿もあった。大統領一行はベルギーのアントワープ（七月十五日着）を経由してポツダムに入った。

一行を迎えたのは、連合軍ヨーロッパ遠征部隊最高司令官アイゼンハワー将軍であった。ポツダムには、スチムソン陸軍長官、フォレスタル海軍長官、アヴェレル・ハリマン駐ソ大使の顔もあった。彼らの出席は予定されていなかったが、それぞれが独自の判断で、外交「素人」トルーマンのアドバイスにやってきたのである。（＊1）

会談二日目の七月十八日朝七時半、トルーマンは極秘の至急電を受けた。そこには、「実験成功。分析評価継続中。グローヴス准将も満足」とあった。計画されていたプルトニウム型原爆実験（トリニティ実験：七月十六日、ニューメキシコ州で実施）成功の知らせであった。

プルトニウム型原爆は爆発エネルギーを一層高める爆縮レンズのメカニズムを必要とするため、起爆装置が複雑であった。この実験の成功で、起爆構造が単純なウラニウム型原爆の実験は不要となった。

この知らせは、スターリンとの交渉に自信のないトルーマンを奮い立たせた（スチムソン日記）。

マンハッタン計画は、議会にも国民にも隠し続けてきた極秘プロジェクトだった。すでに二十億ドル（現在価値で二百五十億ドル）の巨費をかけていた。（＊2）近い将来、議会に説明を求められる。それに備えて実験だけでも成功させておかなくてはならなかった。

実験成功の報は直ちにチャーチルにも知らされた。彼の喜びも尋常ではなかった。ある外交官は、ツェツィーリエンホーフ宮殿（ポツダム会談議場）を歩き回るチャーチルは、「まるで大事な宝物を上着の下に隠している少年のようだった」（＊3）と記録している。

チャーチルの一押し

トルーマンが具体的な原爆使用についてチャーチルと打ち合わせたのは、七月二十四日のことであった。

原爆開発はそもそも、米英共同開発事業だった。両国は、核兵器開発が成功し第三国に使用する場合には、両国の合意が必要であると決めていた（第一回ケベック会談、一九四三年八月）。（＊4）二人はできるだけ早い時期に使用することを決めた。

このとき提示された標的都市候補リストから、京都が消えていた。マンハッタン計画の実務責任者グローヴスや科学者たちは、執拗に京都を最優先ターゲットとすべきだと訴え続けていたが、スチムソンが京都を外したのである。

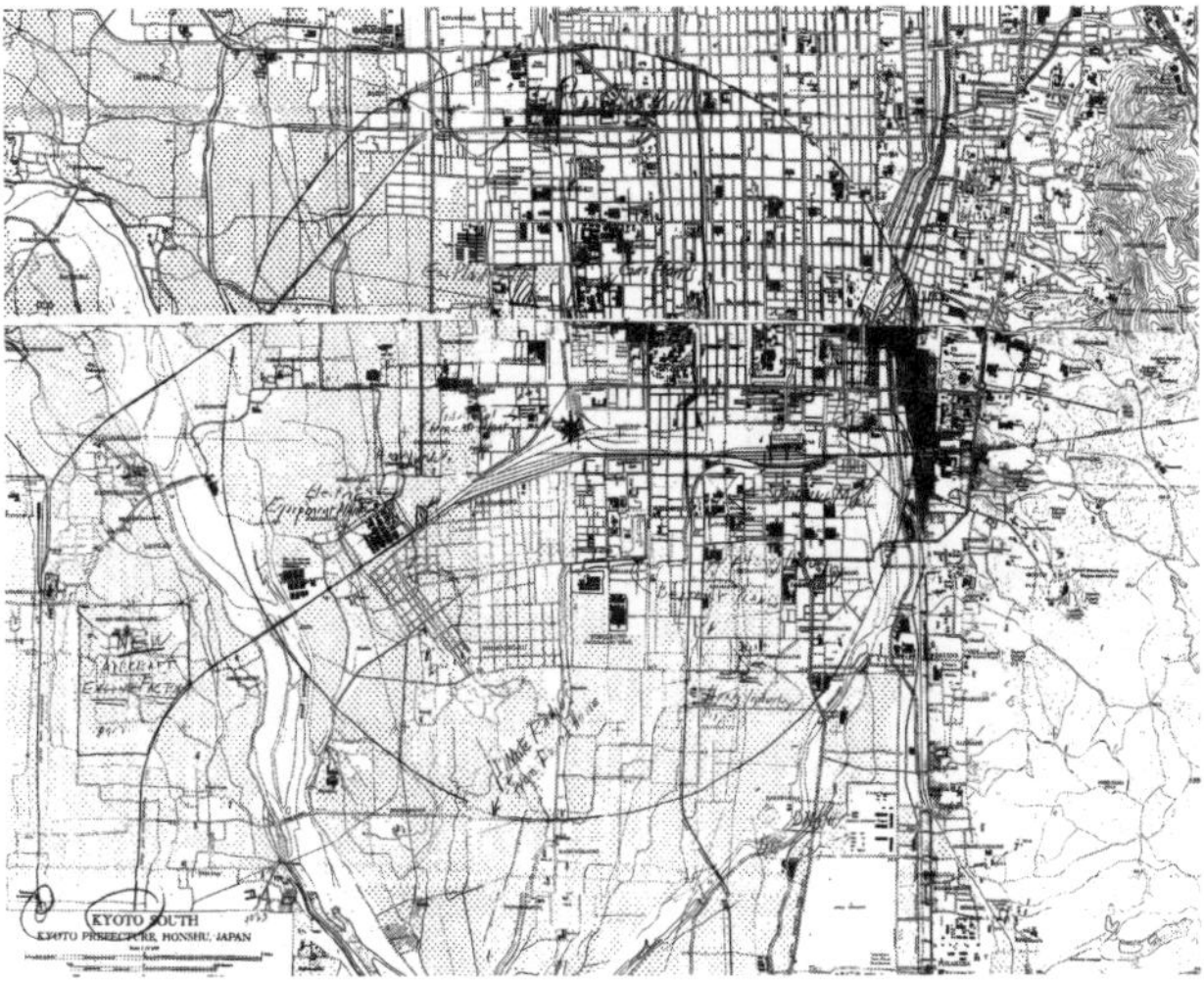

京都を標的と想定した地図（爆心予定地は現在の京都鉄道博物館付近）

「京都を破壊すれば戦後、日本との宥和は不可能になる。そうなってしまえば、日本はソビエト側についてしまう恐れがある」（スチムソン日記）

　このロジックをトルーマンも理解した。チャーチルと議論になったのは、事前警告の是非だった。専門委員会は無警告使用を勧告していたが、トルーマンは決めかねていた。悩む彼の背中を押し、無警告使用を決断させたのはチャーチルだった。

　そのときの言葉をウォルター・ブラウン（バーンズ長官顧問）が聞いていた。

「日本だって真珠湾攻撃の警告を出さずに（ハワイの）若者を殺したではないか」（＊5）

チャーチルは何としてもソビエトに対する英米連合の軍事的優位を、スターリンに知らしめたかった。（＊6）

その後、二人は無警告での原爆投下を決定したが、側近高官は原爆使用そのものに懐疑的だった。

「（原爆使用には）全く意味がない。このことを聞かされて、僕の心は沈み込んだ」（モーラン卿：チャーチル主治医）

「核兵器など、使ってしまえば我が国の倫理規範は中世暗黒時代の野蛮人と同じということになってしまう」（ウィリアム・リーヒ提督）

「科学者らが、恐怖の部屋を開ける鍵を探し出さないで欲しいと密かに願っていた」（ヘイスティング・イスメイ英陸軍少将）（＊7）

トルーマンとチャーチルは、「新兵器」開発の成功をスターリンに仄《ほの》めかすと決めた。

この日、夜まで続いた会議を終えて議場を去ろうとするスターリンに、トルーマンは「我が国はとてつもない破壊力を持つ新型爆弾の開発に成功した」と語りかけた。あえて「核」という用語は使わなかった。

「新型爆弾ですか。それはよかった。日本との戦いの決定打になるでしょう」。スターリンは穏やかに答えると、踵《きびす》を返して去っていった。

スターリンは、一九四二年三月には英米が核兵器開発を始めるらしいと聞いていた。その後も、米国各地に張り巡らせたスパイ網から詳細な報告が続いていた。

ポツダムに帯同していたラヴレンチー・ベリヤ〈内務人民委員部〈NKVD〉〉とトルーマンから原爆の存在を仄《ほの》めかされた場合どう答えるか、予《あらかじ》め打ち合わせていた。（＊8）

「史上最高の出来事だ！」

八月二日、ポツダム会談は終了した。トルーマンは重巡洋艦オーガスタで帰国の途に就いた。凪《なぎ》が続き快適な船旅だった。

八月六日、オーガスタはカナダ・ノバスコシア南方二百マイル（三百二十キロメートル）を航行していた。帰港地ニューポートニューズまでは、残すところ一日の距離であった。

トルーマンは、この日の昼食を甲板下の乗組員用食堂でとることにした。そこにフランク・グラハム艦長が慌てて下りてきたのは、正午少し前のことだった。彼は陸軍省から発せられた大統領宛ての至急電を手にしていた。

San Francisco Chronicle
THE CITY'S ONLY HOME-OWNED NEWSPAPER
FINAL
SAN FRANCISCO, TUESDAY, AUG. 7, 1945

Japan Hit By Atom Bomb---
Mightiest Weapon in History!
Tokyo Admits Heavy Damage

New Epoch in Science, War
Single Missile Dropped---More Force Than 2000 B-29 Raid; Capitulation May Be Hastened

Japs Cancel Rail Service Near Target

'Basic Power of Universe' Harnessed in Secret Tests; Truman Reveals the Story

Multiply This by Two Thousand!

原爆投下を報じるサンフランシスコ・クロニクル紙（1945年8月7日付）

「ワシントン時間午後七時十五分、広島に原爆が投下された。戦闘機の迎撃も対空砲火もなかった。全ての点において成功であった。視認の限りでは高い効果があったと思われる」（＊9）

トルーマンは跳ねるように立ち上がると、至急電を固く握りしめながら、「史上最高の出来事だ！」と叫んだ。数分後にはスチムソン長官自身からこれを裏付ける続報があった。トルーマンは食堂の水兵を前に、「諸君、座ったままでいいから聞いてくれ。われわれは新型爆弾を日本に投下した。その威力はＴＮＴ爆弾二万トンに相当する。完全なる成功であった」と語った。食堂には万雷の拍手が響いた。

三日後の八月九日、長崎に原爆が投下された。実験済のプルトニウム型であった。八月十四日（ワシントン時間）、日本は降伏した。

メディアからの批難

スチムソンの狙い通り、降伏を実現させたものの、たちまち原爆投下への批判が湧き上がった。日本降伏のわずか二週間後にはＡＰ通信が、

「バーンズ国務長官は、日本がロシア（ソビエト）を通じて降伏を模索していたことをわかっていた、と証言した」（八月二十九日付）

と書き、原爆が日本の降伏を早めたとする米政府の公式見解に疑念を投じた。（＊10）

ＡＰ通信は続いて、カーチス・ルメイ空軍将軍のコメントを報じた（九月二十日）。ルメ

イは日本の都市を焼き尽くした空爆作戦の責任者だった。

「原爆の使用が戦争を終えさせたのではない。ロシアの参戦がなくても、あるいは原爆の使用がなくても、二週間以内には終わっていた」（＊11）


ＡＰ通信は、十月五日にはチェスター・ニミッツ提督（太平洋艦隊司令長官）のインタビュー記事を報じた。提督は、

「日本との戦いは原爆で勝ち取ったものではない。実際、日本は広島が破壊され、世界が核戦争の到来を知る前から、あるいはロシアの参戦以前から講和を模索していた」（＊12）

とコメントしていた。

スチムソンの葛藤

原爆投下は過ちではなかったか、という疑念報道はスチムソンを悩ませた。

原爆投下、そして日本の降伏はスチムソンにとって、アジアからの「悪」の帝国排除そ

のものだったはずだ。しかし、彼はその喜びに浸ることができなかった。

スチムソンは日本の降伏後すぐに陸軍長官の座を降り（一九四五年九月）民間人に戻ったが、繰り返される批判に抗弁する必要があった。

「原爆の使用が日本の降伏を早めたことは確かであり、日本本土侵攻が避けられた。結果的に多くの人命を救った」と主張する論文を月刊誌『ハーパーズ』に発表した（一九四七年二月号）。（＊13）

彼が一貫して進めたスチムソン・ドクトリンは、中国は「善」、日本は「悪」という前提だった。しかし、「悪」の消えた極東に安定は訪れなかった。ソビエトは降伏した日本陸軍（関東軍）の武器を中国共産党軍に流し、共産革命を有利に進めていた。

原爆使用は正しかったのか――。

人生の最晩年期を迎えたスチムソンは、悩み続けていたに違いない。『ハーパーズ』に掲載した論文は、あの決断が正しかったと自分自身に思い込ませるものだったのだろう。

とはいえ、「釈明」論文の効果は薄かった。

「もはや戦う能力のない、敗北同然の戦いの最後の場面で原爆を使用するということは、ひたすら勝ちたい一心の視野狭窄《きょうさく》で周りが見えなくなった戦争指導者の心情をよく示すものである」

「それにしても（原爆の使用で我々は）どれほどの代償を払うことになったか考えてみたいものである」（＊14）

軍事史研究家ハンソン・ボールドウィンによるこれらの言葉が、そうした意見の代表だった。

日本にとって、スチムソンとは

陸軍長官の座を降りてからのスチムソンは、度々心臓の発作に見舞われた。一九五〇年七月二十日に手術を受けたが病状は回復せず、十月二十日午後四時、ロングアイランド（ニューヨーク州）の私邸で息を引き取った。八十三歳であった。（＊15）

筆者には、スチムソンが少しでもリアリストの眼を備え、宗教的な善悪二元論の縛りから脱却していたら……つまり、自由な発想で極東外交に臨んでくれていたら、世界の歴史は大きく違ったものになっていたと思えて仕方がない。

日本外交にとって、スチムソンは鬼のような存在であり続けた。その彼が京都にだけは原爆の使用を許さなかった。それは、「鬼の流した涙」だったのかもしれない。

＊1：マイケル・S・ネイベルク『Potsdam』109頁
＊2：同右、239頁
＊3：同右、230〜240頁
＊4：ハーバート・フーバー『裏切られた自由（上）』（草思社／筆者訳）592頁
＊5：前掲『Potsdam』240頁
＊6：同右、241頁
＊7：同右、242頁
＊8：同右、243頁
＊9：マイケル・ドブス『Six Months in 1945』349頁
＊10：前掲『裏切られた自由（下）』153頁

＊11、12：同右、154頁
＊13：論文タイトルは「The Decision to Use the Atomic Bomb」である
＊14：前掲『裏切られた自由（下）』156頁
＊15：「ニューヨークタイムズ」ヘンリー・スチムソン蓋棺録（一九五〇年十月二十一日付）

本書は2020年8月に小社より刊行された『日米戦争を望んだのは誰か』を加筆修正し、WAC BUNKO化したものです。

や

ら

わ

ま

た

な

は

人名索引

あ

か

渡辺惣樹（わたなべ・そうき）
1954年、静岡県生まれ。東京大学経済学部卒。日米近現代史研究家。30年にわたり、米国・カナダでビジネスに従事。米英史料を広く渉猟し、日本開国以来の日米関係を新たな視点でとらえた著作が高く評価される。『日米衝突の萌芽1898-1918』（草思社）で第22回山本七平賞奨励賞受賞。『真珠湾と原爆 日米戦争を望んだのは誰か ルーズベルトとスチムソン』（ワック）など著書・訳書多数。共著に『「正義の戦争」は嘘だらけ!』（ワック。福井義高氏）などがある。YouTubeチャンネル「そうきチャンネル」(https://www.youtube.com/@watanabesouki)を好評配信中。

真珠湾《しんじゅわん》と原爆《げんばく》
日米戦争《にちべいせんそう》を望《のぞ》んだのは誰《だれ》か
ルーズベルトとスチムソン

2024年12月１日　初版発行

著　者　渡辺 惣樹

発行者　鈴木 隆一

発行所　ワック株式会社
東京都千代田区五番町 4-5　五番町コスモビル　〒102-0076
電話　03-5226-7622
http://web-wac.co.jp/

印刷製本　大日本印刷株式会社

ISBN978-4-89831-913-0